Neue Rechtschreibung

Karin Heinrich
Rita Holverscheid

für Kinder

Die Dichterwerkstatt

Verlag
an der Ruhr

Impressum

Titel: Lyrik für Kinder

Autorinnen: Karin Heinrich, Rita Holverscheid

Redaktion: Wilfried Stascheit

Titelbild: Monika Helwig

Zeichnungen: Corinne Berger, Monika Helwig, Ulrike Stöppelkamp, Judith Tüch, Peter Flach

Satz und Lay-out: Oliver Rahn

Druck: Druckerei Uwe Nolte, Iserlohn

Verlag: *Verlag an der Ruhr*
Postfach 10 22 51, 45422 Mülheim an der Ruhr
Alexanderstraße 54, 45472 Mülheim an der Ruhr
Tel: 02 08/49 50 40, Fax: 02 08/495 0 495
e-mail: info@verlagruhr.de

ISBN 3-927279-67-6

Ein weiterer Beitrag zum Umweltschutz:

Das Papier, auf dem dieser Titel gedruckt ist, hat ca. ***50% Altpapieranteil,*** *der Rest sind* ***chlorfrei*** *gebleichte Primärfasern.*

Inhalt

Danksagung

Wir danken den unter den Gedichten aufgeführten Verlagen
für ihre Kooperation und die freundliche Gewährung der Abdruckrechte.

Einleitung

Arbeit mit Gedichten – für viele Lehrer ein Thema, bei dem sie Unsicherheit befällt. Erinnerungen an die eigene Schulzeit tauchen auf. Gedichte – Interpretationen, viel Unverständliches, Unverstandenes, oft konnte man den vom Lehrer erwarteten Gedankengang nicht nachvollziehen. „Was will der Dichter damit sagen?", ist längst ein geflügeltes Wort geworden. Fraglich ist nach wie vor, ob der Dichter uns wirklich *das* sagen wollte, was von uns erwartet wurde/wird.

Als Lehrer müssen wir diese Situation nun von der anderen Seite her bewältigen. Jetzt sind *wir* die, die in Kindern Verständnis für künstlerische Ausdrucksformen wecken sollen, die Kindern Zugänge eröffnen sollen zu den Bereichen, zu denen uns der Zugang oft genug verbaut worden ist. Angebote zur Hilfe beschränken sich auch meist nur auf Anregungen zur Führung von Unterrichtsgesprächen, also wieder zur Arbeit nach dem alten Schema. Wen wundert es da, dass die natürliche Freude der Kinder am Spielen, am Umgehen mit Sprache – und Lyrik ist nichts anderes als Handeln mit Sprache – schnell verloren geht.

Eine Möglichkeit Kindern den Weg zur Lyrik (wieder) zu öffnen ist Gedichte und Dichter endlich aus ihrem Elfenbeinturm zu befreien und sie in die Hand der Kinder zu geben.

„Kann man das, den Erlkönig von Drittklässlern als Schauspiel aufführen lassen?" – „Goethe wurde sich im Grabe umdrehen, wenn er das sähe!" Diese beiden Äußerungen von Kolleginnen zeigen typische Bedenken. Wer diese Zweifel hat, sollte sich vergegenwärtigen, dass der handelnde Umgang ein wichtiger Weg zum Erschließen von Sinngehalten ist. Diese Erkenntnis ist in den letzten Jahren vernünftigerweise wieder mehr in den Mittelpunkt der pädagogischen Überlegungen gerückt.

„Wahrhaft unser Eigen wird nur das, was wir selbst erarbeitet, erfahren, erlebt haben", schrieb Pestalozzi. *Be-greifen* bedeutet, besonders für Kinder, etwas „Handfestes" tun. In den nachfolgenden Erfahrungsberichten werden wir Beispiele dafür aufzeigen, wie aus dem *Be-greifen* echtes Begreifen wird.

Den Abschluss dieser Einleitung soll ein Gedicht von Goethe bilden, in dem er recht deutlich sagt, wie er sich den Umgang mit Lyrik vorstellt.

Gedichte sind gemalte Fensterscheiben:
Sieht man vom Markt in die Kirche hinein,
Da ist alles dunkel und duster.
Und so sieht's auch der Herr Philister.
Der mag denn wohl verdrießlich sein
Und lebenslang verdrießlich bleiben.
Kommt aber nur einmal herein,
Begrüßt die heilge Kapelle.
Da wird's auf einmal farbig helle,
Geschicht' und Zierat glänzt in Schnelle.
Bedeutend wirkt ein edler Schein.
Dies mag euch Kindern Gottes taugen,
Erfreut euch und ergötzt die Augen.

Adressatengruppen – Auswahlkriterien

Mit dieser Kartei sollten Kinder von der Mitte des zweiten Schuljahres an bis in die Klasse 5/6 hinein arbeiten können. Durch die vielfältigen Anregungen und Arbeitsmöglichkeiten wird es auch in größeren Klassen möglich sein Kinder eigentätig damit arbeiten zu lassen. Besonders eingeübte Arbeits- und Sozialformen werden nicht vorausgesetzt.
Die Karteikartenform lässt es auch offen, ob man das Material insgesamt oder eine Auswahl davon einsetzt, ob man ein „Dichterprojekt" plant oder den Kindern die Kartei für den selbst bestimmten Freiarbeitsbereich überlasst.

Auch vom Lehrer werden keinerlei Voraussetzungen erwartet – weder ein besonders gutes Verhältnis zur Lyrik noch Erfahrung im Umgang damit. Im Gegenteil – Kolleginnen, die im Umgang mit lyrischen Texten verunsichert sind, finden hier Möglichkeiten mit den Kindern gemeinsam Gedichte zum Leben erwachen zu sehen, zu erleben.

Die Gedichte wurden nach folgenden Gesichtspunkten ausgewählt:

- Es sollten möglichst viele Zeitepochen erfasst werden.
- Handlungs- sowie gefühlsbetonte Gedichte sollten erscheinen.
- Neben Kinderlyrik sollten auch andere Werke ihren Platz haben.
- Gedichte zum Nachdenken wurden ebenso berücksichtigt wie der Spaß am Umgang mit Sprache.

Kurz – es sollte ein möglichst breiter Querschnitt sein.

Entstehen sollte ein „offenes" Material: Offen in der Art der Anwendung wie auch offen für Ergänzungen, Erweiterungen, eigene Ideen.

Entstehung der Kartei – Erfahrungsberichte

Diese Kartei ist entstanden aus der praktischen Arbeit in der Grundschule. Die Arbeitsanregungen wie auch die Auswahl der Texte stammen von Lehrerinnen und SchülerInnen gemeinsam.

Die Idee für diese Kartei entstand in Anlehnung an die Kartei „Warum nicht Literatur?" für die Sekundarstufen I und II, von Walter Hövel u.a., erschienen im Verlag an der Ruhr, Mülheim 1987. Wir haben einige der dort vorgestellten Arbeitsanregungen übernommen und sie für die Arbeit an der Grundschule abgewandelt und angepasst.

Die folgenden beiden Erfahrungsberichte aus der Arbeit in zwei dritten Schuljahren sollen Kinder bei ihrer Arbeit zeigen, darstellen, wie sie sich den ihnen entsprechenden Zugangsweg suchen, was der Umgang mit Gedichten für sie ausgemacht hat.

Die Unterrichtseinheit „Lyrik" wurde in einem dritten Schuljahr durchgeführt, das vorher nur selten mit Gedichten gearbeitet hatte: die obligatorischen Gedichte zu den Festen und zum Beginn neuer Jahreszeiten, gelegentlich eins zwischendurch um das schlechte Gewissen der Lehrerin zu besänftigen. Dabei beschränkte sich die gemeinsame Arbeit an den Gedichten auf:

- Leseübungen
- Auswendiglernen
- Nachspielen bzw. begleitende Rollenspiele
- Graphische Gestaltung, also „Rahmen" zeichnen, Bild zum Gedicht malen ...

Das Auswendiglernen erfreute sich stets großer Beliebtheit, da es absolut freiwillig war und die Schüler den Zeitpunkt des Aufsagens selbst bestimmen konnten.
Dieses dritte Schuljahr war an unterschiedliche Arbeitsformen wie Frontalunterricht, Gruppen- und Partnerarbeit sowie seit ca. einem Jahr an regelmäßige Freiarbeitsphasen gewöhnt.

Entstehung der Kartei – Erfahrungsberichte

Das Unterrichtsmaterial bestand zu der Zeit aus:

- ca. 100 Gedichten, frei ausgewählt aus allen Bereichen der Lyrik,
- ca. 20 Karten im DIN-A4 Format, auf denen Anregungen zum Umgang mit den Gedichten zu finden waren,
- einer Pappe zum Umhängen für die Lehrerin mit dem Hinweis: „Hilfskraft, nur zum Besorgen von Material zu benutzen!" (So sollten die Kinder zum selbstständigen Arbeiten angehalten werden.)

Der Einstieg in diese Unterrichtsreihe bestand in einem kommentarlosen Verteilen des Materials auf Tische und Regale in der Klasse und dem wiederholten Fingerzeig auf die Pappe, die die Lehrerin sich umgehängt hatte.
Die erste von 7 geplanten Unterrichtsstunden verging mit neugierigem Stöbern, Suchen und Lesen. Die Lehrerin beschränkte sich darauf einige SchülerInnen auf vorher festgelegte Regeln hinzuweisen, so zum Beispiel darauf, dass man sich so verhalten sollte, dass kein anderer gestört wird und dass schlichtes „Nichts-Tun" nicht erwünscht ist.

Ab der zweiten Stunde dieser Unterrichtsreihe waren alle Schülerinnen eifrig beschäftigt (für die Lehrerin zunächst ohne Überblick, womit). Die Lehrerin wurde in ihrer Rolle als Hilfskraft angenommen. Zu besorgen hatte sie:

- Kassettenrekorder und Mikrofon
- Große Papierbögen und dicke Stifte
- Orff'sche Instrumente
- verschiedene Papiere wie Tonpapier u.ä.

Diese emsige Arbeit hielt in den folgenden fünf Projektstunden kontinuierlich an. Die meisten Kinder bearbeiteten in dieser Zeit zwar mehrere Gedichte, blieben jedoch häufig bei der einmal gewählten Arbeitsanregung. Die letzten beiden Stunden bestanden aus Vorführungen der Arbeitsergebnisse. Dabei war die Motivation der Kinder deutlich niedriger als in den vorherigen Stunden. Für die Lehrerin ergaben sich jedoch gerade in dieser Phase erstaunliche Einblicke in die Auswahlkriterien der Kinder.

Christian und Marco wählten das Gedicht „Schlechter Springer":

Schlechter Springer

„Nur 1 PS? Das reicht nicht mehr!
Caramba, 100 müssen her!"
So rief der Cowboy Jim und drum
stieg er vom Pferd aufs Auto um.
Jetzt ging's dahin, wie nie so flott,
Ein Graben kam. Jim rief: „He hopp!"
Platsch, klirr, kracks, bums. – Der Cowboy schrie:
„Kannst du nicht hören? Dummes Vieh!"

Josef Guggenmos

aus : „Das Geisterschloss", Reinbeck: Rowohlt TB 1974

Sie begleiteten den von beiden vorgelesenen Text rhythmisch recht gelungen mit Tamburin und Becken. Vom Applaus der MitschülerInnen angespornt, trugen sie es in drei verschiedenen Versionen vor.
Marco hat einen schweren Hüftschaden und trug bis vor kurzem Beinschienen, die den extrem lebhaften Jungen sehr behinderten. Er fiel häufig durch Rangeleien mit anderen auf, konnte seine Kräfte nur schwer unter Kontrolle halten. Christian ist auf einem Ohr nahezu taub und sieht sehr schlecht. Er ist motorisch erheblich gestört, er bringt aber stets gute bis sehr gute Schulleistungen. Die beiden arbeiteten sonst sehr selten zusammen.

Markus, Thomas und Tim erwischten für zwei Tage den begehrten Kassettenrekorder samt Mikrofon.
Sie bereiteten Interviewfragen vor und befragten verschiedene Personen in der Schule: den Schulleiter, Hausmeister, Lehrer, Mitschüler. Sie hatten sich ein Gedicht genommen, das im Lesebuch stand und zuvor schon einmal im Klassenunterricht erarbeitet worden war: „Unser Brot".
Rückblickend ist es faszinierend, dass die Kinder Gedichte wählten, die mit ihrer momentanen psychisch-sozialen Situation korrellierten.
Das soll an einigen Beispielen erörtert werden:

Entstehung der Kartei – Erfahrungsberichte

Unser Brot

Als Körnlein gesät,
als Ähren gemäht,
gedroschen im Takt,
gesiebt und gehackt,
dann hurtig und fein,
gemahlen vom Stein,
geknetet und gut
gebräunt in der Glut,
liegt's duftend und frisch
als Brot auf dem Tisch.

Volksgut

Die Gruppe genoss es besonders während der Unterrichtszeit frei auf dem Schulgelände herumgehen zu dürfen und nach „Opfern" zu suchen. Das Gedicht selbst stand für die SchülerInnen im Hintergrund, großes Interesse fanden die technischen Gegebenheiten bei Aufnahme und Wiedergabe. Das Abspielen der Aufnahmen rief bei allen viel Gelächter hervor. Die Gruppen wollten sehr gern weitermachen und waren kaum zu bremsen.

Hier ist eines der Interviews:

Der Hausmeister

Kind 1: Guten Tag, wir, sind vom NDR und möchten Ihnen ein Interview stellen zu dem Gedicht „Das Brot". Kennen Sie es?

Hausm.: Unser tägliches Brot gib uns heute? Oder was wolltest du wissen?

Kind 1: Ob Sie das Gedicht „Unser Brot" kennen.

Hausm.: Nein, kenne ich nicht.

Kind 1: Ja, das wird jetzt unser Kollege Tobias machen.

Kind 2: *sagt das Gedicht auf.*

Kind 1: Was gefällt Ihnen daran besonders?

Hausm.: *(Pause)* Das kann ich so schnell nicht sagen.

Kind 1: Finden Sie es gut oder schlecht?

Hausm.: Ich finde es gut.

Kind 1: Könnten Sie uns ein paar Sachen ... ähm ...

Hausm.: Von wem ist denn das?

Kind 3: Von Bertolt Brecht

Kind 2: Von Volksgut

Hausm.: Das *ist* Volksgut. Volksgut heißt der nicht, nicht wahr? Hm, hm. Volksgut, jaha! Was wollt ihr jetzt noch wissen?

Kind 1: Könnten Sie uns ein paar wichtige Sachen, was Sie daran sehr, sehr gut finden, dazu noch sagen?

Hausm.: Was soll ich dir dazu sagen, ihr kommt so plötzlich. *(lange Pause)* Nee, ich finde das Gedicht schön, dass man das nicht alles so selbstverständlich hinnimmt, dass man mal überlegt, wo's Brot herkommt. So geht man immer zum Bäcker und holt das Brot und so weiß man auch mal, wenn man das Gedicht hört, wie der Werdegang des Brotes ist, nicht? Und ich sehe oft von euch, ich komme raus und da liegt ein ganzes Brot, komplett mit Wurst drauf, was noch nicht angebissen ist, liegt vor der Tür, da muss man sagen, das ist nicht schön, nicht?

Kind 1: OK. Wir vom NDR haben viel Freude an diesem Gespräch gehabt.

Entstehung der Kartei – Erfahrungsberichte

Sabrina wählte den Erlkönig aus und zeichnete dazu eine Bildfolge.

Bei der Abschlussvorstellung trug sie das Gedicht sehr schnell und leise vor, sodass es in der Klasse kaum verständlich wurde. Während der Stillarbeit war sie sehr konzentriert und zeichnete in vielen Einzelbildern den gesamten Ablauf der Ballade.

Sabrina ist eine in sich gekehrte, sehr er wachsen wirkende Schülerin mit sehr guten Schulleistungen. Ihr Vater litt vor einigen Jahren an einer sehr gefährlichen Stoffwechselerkrankung. Damals nahm Sabrina die bedrohliche Situation scheinbar gelassen auf. Mutter und Lehrerin fiel jedoch bei verschiedenen Gelegenheiten auf, dass Sabrina Gespräche über den Tod (z.B. bei Haustieren) grundsätzlich blockierte und extrem verschlossen reagierte. Die Eltern sprachen intensiv mit Sabrina über dieses Thema und holten sich therapeutischen Rat. So ist die Tatsache, dass Sabrina ausgerechnet dieses Gedicht wählte sicher positiv zu werten, da es zeigt, dass sie einen Weg gefunden hat sich diesem Problem zu öffnen und daran zu arbeiten.

Die zweite Klasse, die an der Entwicklung dieser Kartei beteiligt war, war ebenfalls ein drittes Schuljahr.
Diese Klasse hat von Anfang an recht viel mit Gedichten gearbeitet, begründet sicherlich durch die Beziehung der Lehrerin zu lyrischen Ausdrucksformen.

Im zweiten Schuljahr hörte diese Klasse mit großer Begeisterung eine von Lutz Görner besprochene Kassette „Balladen für Kinder“ (Bezugsquelle im Anhang). Die Begeisterung aller Kinder war groß. Eine Mädchengruppe begann spontan während der freien Arbeitszeit die Ballade vom Zauberlehrling zu inszenieren. Nach wenigen Tagen konnten sie das doch lange und sprachlich für Kinder eines zweiten Schuljahres recht anspruchsvolle Stück auswendig und führten es bei verschiedenen Anlässen vor. Diese Erfahrung, dass Kinder von sich aus einen handelnden Zugang zu Gedichten suchen, bildete die Grundlage für das „Dichterprojekt“ im dritten Schuljahr.

Auch diese Klasse ist an unterschiedliche Arbeits- und Sozialformen gewöhnt. Der Einstieg in die Unterrichtsreihe erfolgte ähnlich dem bereits geschilderten Beispiel. Auch die Beobachtungen der Kinder bei Auswahl und Zugriffsweise sind ähnlich. In dieser Klasse wurden relativ viele Texte von den Kindern eingebracht, auch die vorgegebenen Arbeitsanregungen wurden wirklich nur als Anregungen verstanden, eigene Ideen traten schnell in den Vordergrund.

Während der Arbeit an diesem Projekt, das für eine Unterrichtswoche mit ca. 7 Stunden geplant war, stellten die Kinder immer wieder Fragen zu den Dichtem und der Zeit, in der sie leb(t)en. Das war der Anlass die Arbeit an diesem Thema um eine weitere Woche zu verlängern und mit den Kindern gemeinsam eine chronologisch geordnete Auswahl an Dichtem zu erstellen. Nun sollte an jedem Tag ein Dichter mit seinem Werk im Mittelpunkt stehen. Zusätzlich zu der Arbeit mit den Gedichten sollte von jeder Gruppe ein „Lebenslauf“ des Dichters erarbeitet werden um die Situation zu erhellen, in der die Werke entstanden waren. Es ist erstaunlich, mit welchem Interesse dieser Teil der Arbeit aufgegriffen wurde und wie viel die Kinder von den Intentionen und Beweggründen der Dichter verstanden haben. Am Beispiel Heinrich Heines sei das kurz skizziert:

Ausgewählt zur Bearbeitung wurden: *Das Fräulein stand am Meere, Belsazar* und *Die Loreley*. Die Gruppe, die den Lebenslauf Heines erarbeitete sprach das Ergebnis ihrer „Forschungen“ auf eine Kassette. Hier ist die Wiedergabe:

Entstehung der Kartei – Erfahrungsberichte

Heinrich Heine

Es war ein berühmter Dichter. Er lebte von 1797 bis 1856. Seine Eltern waren Juden und lebten in Düsseldorf. Heinrich Heine hieß früher Harry Heine. Später, als er mit dem Jurastudium fertig war, ist er zum protestantischen Glauben übergetreten und hat sich Heinrich Heine genannt. Die Juden bekamen damals nur schwer Arbeit und so hoffte er als Protestant welche zu bekommen. Aber es hat ihm nichts genützt, denn er war auch noch auf der Seite der armen Leute. Deshalb hat keine Regierung ihn eingestellt. Er musste Deutschland verlassen und lebte in Frankreich. 25 Jahre lebte er in Paris und ist auch dort gestorben. Er schrieb viele Gedichte über den Krieg und den Frieden. Er hatte immer Sehnsucht nach Deutschland, das zeigt auch dieses Gedicht:

Es war ein Traum

Ich hatte einst ein schönes Vaterland,
Der Eichenbaum stand dort so hoch,
Die Veilchen blickten sanft,
Es war ein Traum.
Das küsste mich auf Deutsch,
Und sprach auf Deutsch,
Man glaubt, es kaum, wie gut es klang,
Das Wort „Ich liebe dich".
Es war ein Traum.

Eine Schülerin brachte zu der Bearbeitung der Loreley als Pappfiguren-Theater eine Kassette mit einer Aufnahme der Vertonung mit – viel Echo und Hall bildete den Hintergrund des „gefühlsbeladenen" Vortrages. Diese Bearbeitung wurde von den Kindern strikt abgelehnt. Weil *„der nichts von Heine verstanden hat. So kann man das nun wirklich nicht vortragen!"*.

Zunehmend wuchs auch das Interesse an den sprachlichen Techniken. Das war die Anregung für die „Dichterwerkstatt", in der die Kinder sich über verschiedene Reimformen, Rhythmen, Versmaße und andere Ausdrucksformen informierten.

Lyrik wurde erfahren als künstlerische Ausdrucksmöglichkeit, das zeigt auch die Art der Umsetzung von den Kindern, die der folgende Zeitungsausschnitt dokumentiert:

Entstehung der Kartei – Erfahrungsberichte

Dingelstedts romantisches Weserlied wurde umgeschrieben:

„Wir selber machen den Dreck"

Umweltprobleme aus Schülersicht – geradeaus und schnörkellos

Porta Westfalica-Vennebeck. Wenn Franz von Dingelstedt (1814 bis 1881) tatsächlich zumindest in seinen frühen Jahren ein Meister der politischen Satire war, wie es Literaturhistoriker behaupten, würde er sicher Freude darüber empfinden, wie sein berühmtes „Weser-Lied" jetzt von vier Vennebecker-Grundschülern der 3. Klasse modernisiert worden ist. Eric Johanning, neunjähriger Lyriker-Nachwuchs, hat sich des romantisierenden und vielleicht vor 100 Jahren noch zutreffenden Liedtextes angenommen und zusammen mit Andreas Witt, Sandra Grösch und Thomas Pape auf die heutige Realität am Strom aktualisiert. Nachdenkenswertes zur Umgestaltung der Landschaft durch uns Menschen wird hier offenbar. Gedanken von Vertretern der kommenden Generation, die die Verantwortlichkeit unserer jetzt gestaltenden Generation deutlicher machen als es viele Erwachsenen-Sonntagsreden und Zeitungsartikel könnten.

„Ich bin nur Schreibkraft gewesen", wehrt Klassenlehrerin Karin Heinrich gleich zu Beginn des MT-Redakteursbesuchs alle Verdächtigungen ab, hier hätte die Pädagogin als geistige Urheberin im Rahmen eines vorgegebenen Unterrichtsthemas gewirkt, hätten die neun- und zehnjährigen Jungen und Mädel der Klasse 3 nur erfüllt, was pädagogisch auch als Ergebnis herauskommen sollte. In der Tat, wer auch nur eine halbe Stunde mal in der Klasse war, wer sich mit den Kindern von Mensch zu Mensch gleichberechtigt unterhält, bekommt die Gewissheit, dass die Beschränkung der Lehrerin-Rolle auch bei dieser Gedicht-Metamorphose auf den technischen Part keine falsche Bescheidenheit, sondern Realität ist. Es mag am Unterrichtsstil liegen, aber das nur am Rande.

Eric (9) hatte in einem Begleitbrief sein Anliegen an die MT-Redaktion einfach und klar so deutlich gemacht, wozu mancher Erwachsener, zumal wenn er Politiker ist, umständliche Formulierungen braucht. „Ich, Eric Johanning, hatte eine Idee für die Umwelt und als guten Zeitvertreib. Das alte Gedicht ist von Franz von Dingelstedt. Er schrieb vor 100 Jahren ein Gedicht von der Weser. Heute sieht alles anders aus. Ich wollte ein Gedicht von der Weser wie sie heute ist, schreiben. Wir schicken Ihnen dieses Gedicht, damit viele Leute nachdenken, wenn sie es lesen." So schrieb er an die Redaktion.

Neugierig geworden, nicht zuletzt auch durch die Neufassung der romantischen Verse, war ein Besuch in der Klasse 3 Journalistenpflicht. In zwei Gesprächen mit den Schülern (beim bersten war der Hauptakteur durch Krankheit verhindert) kam eines mit immer größerer Deutlichkeit heraus: Die junge Generation macht sie ihre ureigenen Gedanken über ihre, unsere Umwelt, sie besitzt ein viel größeres Gefühl für das, was sie umgibt.

Die kleinen Schönheiten der Natur werden oft noch als solche erkannt. Sie werden dabei aber nicht romantisch verklärt oder ihre Gefährdung mit drohendem Zeigefinger wie ein Menetekel gemalt: die Blume am Wegesrand ist einfach schön, am natürlichen Bachlauf zu spielen, ist einfach aufregender als an einem kanalisierten Gewässer, an der weggeworfenen Getränkedose kann man sich verletzen und Müll irgendwo weggeschmissen, sieht blöde aus und stört beim Spiel.

Natürlich wissen die Kinder, nicht zuletzt durch Medienaufklärung, durch die Unterrichtsthemen und die Gespräche der Eltern von den tiefen Gefahren für uns Menschen durch Verschmutzung von Luft, Land und Wasser. Sie wissen auch um die Ursachen und die Verursacher. „Wir selber", nicht „die Menschen", wird immer wieder gesagt, seien durch eingeleitete Abwässer, durch weggeschmissenen Müll, durch überhöhten Wasserverbrauch am Leiden der Natur schuld. Und sie räumen freimütig ein sich auch nicht immer beispielhaft zu benehmen. Beispielhaft ist ihre Ehrlichkeit, sind ihre klaren Gedanken.

Und die werden auch umgeschminkt geäußert. Ein Beispiel: die Klasse hat beim Umweltwettbewerb des Kreises im letzten Jahr einen Preis gewonnen. 300 Mark, die in „Was ist Was"-Büchern für die ansehnliche Klassenbibliothek umgesetzt wurden. Aber mit der Preisverleihungs-Zeremonie nach Erwachsenen-Ritus waren die Kinder gar nicht einverstanden. Das haben sie auch dem Landrat geschrieben. Später Beginn, kinderfremde Reden, Preisverleihung erst nach langem Warten, Erwachsenen-Programm statt Kinderlieder oder Zeigen der preisgekrönten Bilder, war ihre Kritik. Und die Krone: auf Antwort auf ihre konstruktive Kritik warten die Schüler noch.

Was hier in der Klasse 3 der Grundschule Vennebeck geschieht, ist schon etwas Besonderes und damit Berichtenswertes. Aber es ist nicht so viel anders. Kindermund tut die Wahrheit kund, sagt der Volksmund. Man muss diese Wahrheit nur mehr hören und nicht interpretieren wollen: manchmal haben die Kleinen die größten Ideen. Deshalb auch die beiden Gedichte unten kommentarlos nebeneinander gestellt – einfach zum Nachdenken. Hartmut Nolte

Die Weser – einst und jetzt

Ich kenne einen deutschen Strom, der ist mir lieb und wert vor allen. Vorbei am Kraftwerk mit Atom, vorbei an Häusern und großen Hallen. Genauso wie den großen Rhein hat ihn der Geist des Drecks beschworen. Ihn hat der schmutzige Verein verwandter Ströme doch geboren.	*Ich kenne einen deutschen Strom, der ist mir lieb und wert vor allen, umwölbt von ernster Eichen Dom, umgrünt von kühlen Buchenhallen; ihn hat nicht, wie den großen Rhein, der Alpe dunkler Geister beschworen, ihn hat der friedliche Verein verwandter Ströme still geboren.*
So taucht die Weser salzig auf, von Bergen immer eingeschlossen, und kommt in ewigem Lauf durch gedüngte Wiesen herabgeflossen. So windet sie mit leisem Schmerz zum fernen Meer sich hernieder und uns tut dabei weh das Herz, Müll und Müll immer wieder.	*So taucht die Weser kindlich auf, von Bergen traulich eingeschlossen, und kommt in träumerischem Lauf durch grüne Au'n herabgeflossen. So windet sie mit leisem Fuß zum fernen Meer sich hernieder und spiegelt mit geschwätz'gem Gruß der Ufer sanften Frieden wider.*
Und meerwärts, durch ihr Felsentor, durch immer wieder wechselnde Gefilde, strömt sie die Wellen schwer hervor wie schreckliche Traumgebilde. In ihren Tiefen ist nur Dreck, riech den Gestank! Jede Nixe kriegt einen Schreck und wird davon krank.	*Und meerwärts durch ihr Felsentor, durch immer wechselnde Gefilde strömt sie die Wellen leicht hervor wie jugendliche Traumgebilde; in ihren Tiefen, klar und rein, hörst du es seltsam wehn und rauschen und kannst bei stillem Abendschein der Nixe Wunderlied belauschen.*

„Kritische Betrachtung von Unterrichtsmodellen und Gedichtbänden zum Thema „Lyrik in der Grundschule"

Auf der Suche nach Anregungen, nach Hilfen für den Umgang mit Lyrik in der Grundschule stößt man auf Materialien, die als ergänzende Hilfen angeboten werden. Sie alle zeichnen sich jedoch durch einen gemeinsamen Mangel aus: *Sie sind nicht geeignet für den selbstständigen Umgang von Grundschulkindern mit diesem Material!* Zu fast allen Materialien muss der Lehrer als Mittler hinzukommen, müssen Arbeitsanregungen gegeben werden.

Hier die Hauptgruppen:

1. Im Handel erhältlich sind Gedichtbände für Kinder im Grundschulalter in den verschiedensten Ausführungen, meist ansprechend illustriert, oft nach Themen geordnet. Unklar bleibt völlig, wie sich Autoren und Verleger den Umgang der Kinder mit diesen Werken vorstellen. Lesen und Betrachten der Bilder? Liest man den ganzen Band auf einmal, von vorn nach hinten durch? Vorlesen durch Erwachsene und Erarbeitung mit Ihnen? Freunden vorlesen und zeigen?
   Wer Kinder im Grundschulalter kennt, weiß, dass diese Art der bloßen Repräsentation ohne Erfahrung im „aktiven" Umgang mit Gedichten zunächst nicht zum gewünschten *intensiven* Umgang mit dieser Ausdrucksform führt.
2. Eine zweite Kategorie versucht ansatzweise Kindern zu den Gedichten Arbeitsanregungen zu geben, diese kindgerecht zu formulieren und dabei Spaß am Umgang mit den Texten zu wecken. Bei diesen Anregungen steht jedoch das Interpretieren im herkömmlichen Sinn im Vordergrund, die Suche nach der „wichtigsten" Aussage, wieder nach dem Motto „Was wollte der Dichter uns damit sagen?". Unklar bleibt auch, ob das selbstständige Umgehen mit diesen Büchern erwünscht ist: Fest integrierte theoretische Teile, kompaktes Buchformat, unübersichtliche klein gedruckte Arbeitsanregungen. Auch hier müssen also wieder Erwachsene am Vorgang des Antizipierens helfend teilnehmen.
3. Unterrichtsmodelle mit vorgegebenen Stundenverläufen und ausführlichen Sachanalysen zum Thema „Lyrik" für die Hand der Lehrerinnen sind ebenfalls im Handel. Erschreckend ist dabei häufig, wie sehr diese Ansätze unserem *Sicherheits- und Sicherungsbedürfnis* entgegenkommen:

- Lernzielorientierte Stunden, Ergebnissicherungen
- Gelenkte, zeitlich begrenzte Phasen für „spontanes" Schülerverhalten
- Hohe Anfangsmotivation, die sehr schnell ins gelenkte Unterrichtsgespräch führt
- Lernziele, die an der Literaturwissenschaft orientiert sind
- Bestehende Interpretationen sollen nachvollzogen werden
- Arbeitsblätter, Tafelbilder und andere Formen der schriftlichen Fixierung von Ergebnissen sind wichtige Bestandteile der Stunden
- Enge zeitliche Begrenzung für die Aufgaben

Diese Art des Umganges mit Gedichten führt sicher nur ansatzweise zur Freude an der Lyrik, zur Weiterentwicklung erweckten Interesses. Handlungsorientiertes Erfahren, das selbstständigen, kreativen Umgang mit lyrischen Texten zulässt und fordert, bringt Kindern Gedichte, Dichter und Aussage näher.

Was kannst du mit der „Dichterwerkstatt" anfangen?

Die „Dichterwerkstatt" besteht aus drei Teilen, mit denen du arbeiten kannst:

- **den Ideenkarten**
- **den Gedichten (mehr findest du in Lese- und Gedichtbüchern)**
- **der Verseschmiede**

Die **„Verseschmiede"** hat ein eigenes kleines Vorwort, lies es, wenn du damit arbeiten willst.
Auf den **Ideenkarten** findest du Anregungen, was du mit Gedichten tun kannst. Damit du verstehst, wie das gemeint ist, kannst du dir hier einige Beispiele ansehen. Du kennst sicher das folgende Gedicht:

Josef Guggenmos:

Was denkt die Maus am Donnerstag?

Was denkt die Maus am Donnerstag,
am Donnerstag,
am Donnerstag?

Dasselbe wie an jedem Tag,
an jedem Tag,
an jedem Tag.

Was denkt die Maus an jedem Tag,
am Dienstag, Mittwoch, Donnerstag
und jeden Tag,
und jeden Tag?

O hätte ich ein Wurstebrot
mit ganz viel Wurst
und wenig Brot!
O fände ich zu meinem Glück,
ein riesengroßes Schinkenstück!

Das gäbe Saft, das gäbe Kraft!
Da wär ich nicht mehr Mäuschen klein,
da würd ich groß wie ein Ochse sein.

Doch wäre ich erst
so groß wie ein Stier,
dann würde ein tapferer Held aus mir.
Das wäre herrlich,
das wäre recht –

und der Katze
der Katze
ginge es schlecht!

Das war das Originalgedicht. Ich habe ein **Gegengedicht** dazu geschrieben:

Was denkt die Katz' am Dienstag?

Was denkt die Katz' am Dienstag,
am Dienstag,
am Dienstag?

Dasselbe wie an jedem Tag,
an jedem Tag
an jedem Tag.

Was denkt die Katz' an jedem Tag,
am Freitag, Samstag, Sonnentag
und jeden Tag
und jeden Tag?

O hätte ich ein Honigbrot
mit Honig drauf
auf gutem Brot!
O fände ich, zu meinem Glück,
ein riesengroßes Heringsstück!

Das gäbe Saft, das gäbe Kraft!
Da wär ich nicht mehr Kätzlein klein,
da würd ich groß wie ein Ochse sein.

Doch wäre ich erst
so groß wie ein Stier,
dann würde ein tapferer Held aus mir.
Das wäre herrlich,
das wäre recht –

und dem Bello,
dem Bello
ginge es schlecht!

Aus drei Tiergedichten habe ich eines gemacht. Verwendet habe ich:

Was denkt die Maus am Donnerstag – Das Fischlein (beide von Josef Guggenmos) und Das Häslein (Christian Morgenstern).

Was denkt das Häsfischlein?

Was denkt die Maus am Donnerstag,
am Donnerstag,
am Donnerstag?

Dasselbe wie an jedem Tag,
an jedem Tag,
an jedem Tag.

Weißt du, was das Fischlein im Weiher macht,
wenn es Langeweile hat?
Es steht ganz still im Wasser.
Nun gib Acht!

Unterm Schirme tief im Tann'
habe ich heut gelegen,
durch die schweren Zweige rann
reicher Sommerregen.

Was denkt die Maus an jedem Tag,
am Dienstag, Mittwoch, Donnerstag
und jeden Tag
und jeden Tag?

Er bläst ein Bläslein aus seinem Mund.
Das trudelt noch oben,
kugelrund
erst langsam,
dann schneller
und platzt.

Plötzlich rauscht das nasse Gras –
stille! Nicht gemuckt! –
Mir zur Seite duckt
sich ein junger Has –

O hätte ich ein Wurstebrot
mit ganz viel Wurst
und wenig Brot!
O fände ich zu meinem Glück,
ein riesengroßes Schinkenstück!

Dann aber bläst das Fischlein
drei, vier und mehr
silberne Bläslein
dahinter her.
Die trudeln geschwind,
wer das erste sei,
bis sie oben sind.

Dummes Häschen,
bist du blind?
Hat dein Näschen
keinen Wind?

Das gäbe Saft, das gäbe Kraft!
Da wär ich nicht mehr Mäuschen klein,
da würd ich groß wie ein Ochse sein.

So macht es das Fischlein im Weiher.
Du meinst, das sei ein seltsamer Brauch?
Aber wenn du ein Fischlein wärst -
du tätest es auch.

Doch das Häschen unbewegt,
nutzt, was ihm beschieden,
Ohren weit zurückgewiegt
Miene, schlau zufrieden.

So sieht es aus, wenn ich **von jedem Gedicht immer eine Zeile** nehme:

Was denkt die Maus am Donnerstag,
Weißt du, was das Fischlein im Weiher macht,
Unterm Schirme, tief im Tann,
am Donnerstag,
Wenn es Langeweile hat?
habe ich heut gelegen,
am Donnerstag?
Es steht ganz still
durch die schweren Zweige rann
Dasselbe wie an jedem Tag,
im Wasser.
reicher Sommerregen.
am Dienstag, Mittwoch, Donnerstag
Und nun gib Acht!
Plötzlich rauscht das nasse Gras –
und jeden Tag
Es bläst ein Bläslein aus seinem Mund
stille! nicht gemuckt! –
und jeden Tag?
Das trudelt nach oben,
Mir zur Seite duckt
O hätte ich ein Wurstebrot
kugelrund
sich ein junger Has – ...

Du merkst, da entsteht ein ganz neues Gedicht!
Du kannst aus diesen drei Gedichten auch ein **Blätterbuch** basteln. (Das findest du bei den Karteikarten beim **Lelakan**.)

Auch ein **Interview** kannst du zu diesem Gedicht vorbereiten. Folgende Fragen könntest du deinem Interviewpartner stellen:

- Kennst du (Kennen Sie) das Gedicht „Was denkt die Maus am Donnerstag“ von Josef Guggenmos?
- Was könnte eine Maus am Donnerstag denken?
- Was hast du (haben Sie) am letzten Donnerstag gedacht?

Gedicht-kalender

Bastle einen Kalender für das kommende Jahr. Statt eines Bildes klebst oder schreibst du ein Gedicht auf das Monatsblatt.

Es wird besonders schön, wenn du die Blätter noch verzierst.

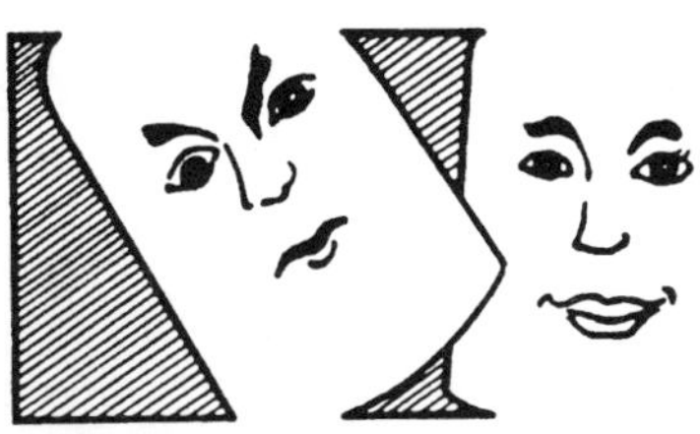

Foto-geschichte

Mach zu einem Gedicht eine Fotogeschichte: Nimm deine Freunde als Schauspieler und fotografiere sie.

Du kannst die Geschichte wie im Gedicht erzählen oder eine neue Geschichte dazu erfinden.

Übersetzung

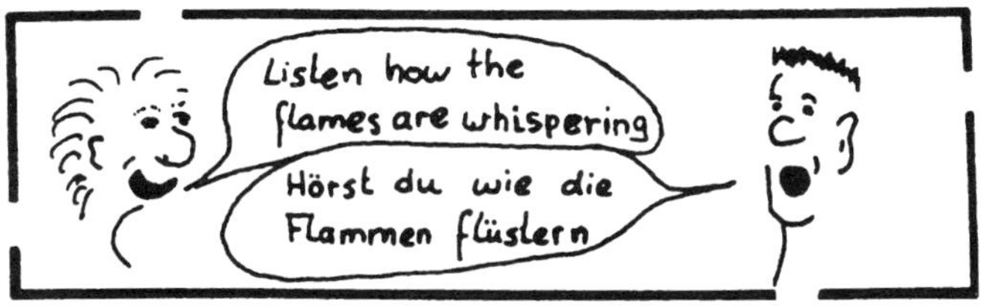

Hast du einen Mitschüler, der eine andere Sprache spricht?
Dann könnt ihr gemeinsam den Text in diese andere Sprache übersetzen.

Bilderbuch

Mache aus einem Gedicht einmal ein Bilderbuch – ein ganz kleines, ein großes – mit farbigen Zeichnungen, Bleistift- oder Tuschezeichnungen …

Tanz

Wer Lust hat, kann zu einem Gedicht eine passende Musik suchen und dann dazu

tanzen

Wer hat so viel Mut?

Wandgedicht

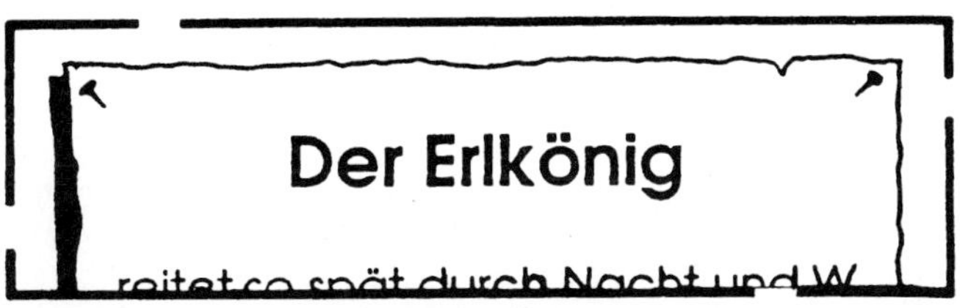

Wenn vielen in der Klasse ein Gedicht besonders gut gefällt, könnt ihr es einmal

RIESENGROSS

aufschreiben, sodass ein großes Poster entsteht, vielleicht noch größer?

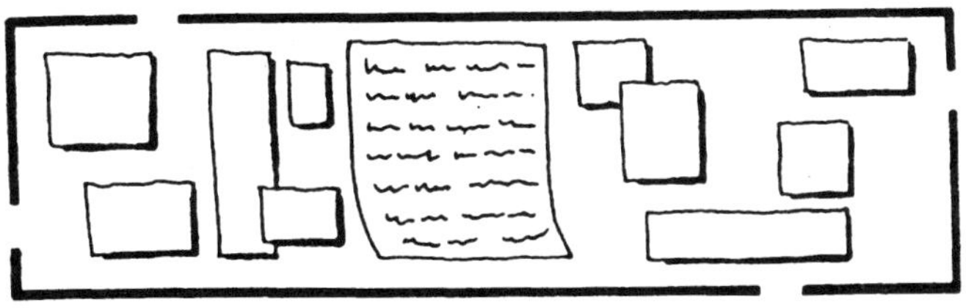

Collage

Suche dir ein Gedicht aus, das dir gut gefällt.
Schreibe es ab, schneide es aus und klebe es auf ein großes Zeichenblatt.
Nun schneide aus Zeitschriften oder Katalogen bunte Bilder aus, die zum Text passen. Klebe sie zum Gedicht.

Comic

Male zu einem Gedicht einen Comic oder eine Bildergeschichte mit möglichst vielen Einzelbildern.

Gedichte verändern

Du kannst ein Gedicht verändern, zum Beispiel:

- Strophen weglassen
- Strophen hinzufügen (selbst dichten)
- Wörter weglassen oder einfügen
- die Strophen umordnen
- die Reimwörter austauschen
- …

Interview

Du kannst mit Leuten ein Interview machen, ihnen ein Gedicht vorlesen und ihnen Fragen dazu stellen.

Frage doch mal:
Freunde, Eltern, Oma, Opa, den Schulleiter, …

Nimm das Gespräch auf eine Kassette auf und spiele es allen vor.

Verrückter Vortrag

Du kannst ein Gedicht mal ganz anders vortragen, z.B.:

- flüstern
- schreien
- falsch betonen
- dem Publikum den Rücken zudrehen
- einen ernsten Text lustig vortragen oder einen lustigen ernst
- den Text von hinten lesen
- den Text durcheinander bringen

Lelakan

Du kannst zwei oder drei Gedichte in Teile zerlegen und neu zusammensetzen, sodass neue Gedichte entstehen, fast so wie hier aus den Tieren

Leguan
Koa***la***bär
Peli***kan***

ein ***Lelakan*** wird

Schreiben

Du kannst ein Gedicht, das du gut findest, noch einmal abschreiben

- mit bunten Filzstiften
- mit besonders dicken Stiften
- mit einem dünnen Pinsel
- mit der Schreibmaschine
- riesig groß
- winzig klein
- mit mehreren Kindern abwechselnd schreiben
- von verschiedenen Erwachsenen als Schriftprobe
- mit Verzierungen drumherum
- …

Plakat

Du kannst mit einem Gedicht ein Plakat herstellen. Du kannst es mit Bildern, Fotos, Farbe, Zeichnungen dekorieren. Versuche das Gedicht so anzubieten, als wolltest du es verkaufen.

Moritat

Du kannst zu einem Gedicht passende Bilder malen, die die wichtigsten Stellen des Textes erzählen. Dann sprichst du mit ernster Betonung den Text, der zu dem Bild dazugehört. Wenn eine neue Textstelle kommt, stellst du das neue Bild dazu. Du kannst auch eine Melodie dazu erklingen lassen und das Gedicht singen.

Geeignet sind alle Gedichte, die eine spannende Geschichte erzählen.

Früher zogen „Bänkelsänger“ durch das Land, die den Leuten schaurige und spannende Geschichten (= Moritaten) vorsangen. Oft hatten sie große Tafeln mit gemalten Bildern dabei, die sie zu ihrem Vortrag zeigten.
Diese Moritaten hatten oft einen wahren Hintergrund, wurden von den Bänkelsängern aber auch so ausgeschmückt, dass sie spannend waren.

Musik

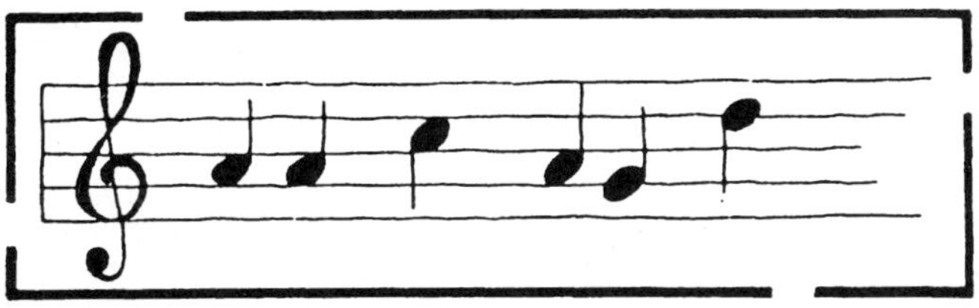

Du kannst zu einem Gedicht passende Klänge oder Geräusche erfinden. Benutze dazu Orff-Instrumente, Blockflöte, Mundharmonika – was dir einfällt und passend erscheint.

Die Musik kann in den Pausen zwischen den Strophen erklingen oder danach. Sie kann auch das Gedicht leise begleiten.

Du kannst auch mit einer Gruppe das ganze Gedicht mit Instrumenten darstellen und später vorlesen.

Auf Kassette aufnehmen nicht vergessen!

Verschiedene Schriften

Suche dir ein Gedicht mit mehreren Strophen aus.
Du brauchst jetzt noch ein leeres Blatt und einen Füller oder Faserstift.
Bitte verschiedene Leute – *große – kleine – junge – alte* eine Strophe oder eine Zeile deines Gedichts abzuschreiben. Der Nächste schreibt dann immer weiter. So entsteht ein schönes Bild oder Poster.

Zeitmaschine

Versuche ein Gedicht in eine andere Zeit zu übertragen.
Das kann geschrieben oder gespielt werden.
Ein Gedicht, das vor hundert Jahren spielt, könnte so umgeschrieben werden, dass es im Jahr 2050 spielt.
Ein Gedicht, das heute spielt, könnte in die Steinzeit übertragen werden. Der Spielvorschlag: Verkleidet euch so, dass man erkennen kann, welche Zeit ihr darstellt. Dazu sprecht ihr den richtigen oder euren umgedichteten Text.
Vielleicht ist es gut das Originalgedicht auch vorzustellen.

Lesen

Manchmal möchte man gar nichts mit einem Gedicht tun, man möchte nur

- lesen
- genießen
- Freude daran haben

Vielleicht kann man es noch jemandem zeigen!

Dias und passendes Gedicht

Frage nach, wer Dias hat, wovon sie erzählen und ob du sie ausleihen kannst. *(Das können Dias von Schule, Urlaub und so weiter sein.)* Versuche zu einem Gedicht passende Dias zusammenzustellen. Stelle beides zusammen vor.

Gedichträtsel

Es gibt viele Möglichkeiten, wie man aus Gedichten Rätsel machen kann:

- Silbenrätsel
- Kreuzworträtsel mit Wörtern aus dem Gedicht
- Bilderrätsel
- Fragespiele
- …

Probiert es mal aus!

Puzzle

Aus einem Gedicht kann man ein Puzzle machen. **Ein Beispiel:**

- Klebe ein Gedicht auf eine weiße Pappe.
- Auf die Rückseite klebst oder malst du ein passendes Bild.
- Jetzt zerschneidest du das Ganze: Die Überschrift und die einzelnen Strophen (oder Zeilen) trennst du.
- Wenn das Gedicht gepuzzelt worden ist, hat man durch das Bild auf der Rückseite eine Kontrollmöglichkeit.

Ähnlich kann man ein Gedicht-Domino basteln.

© Verlag an der Ruhr, Postfach 10 22 51, 45422 Mülheim an der Ruhr

Geheim-wörter

Hörst du wie die **PLOPS** flüstern,
knicken, krachen, knacken, knistern.
Fühlst du, wie die **PLOPS** schwärmen,
Glut aushauchen, wohlig wärmen

Suche in deinem Gedicht ein Wort, das öfter vorkommt und ersetze es durch ein „Geheimwort", das du dir ausdenkst (z.B. statt *ich* schreibst du *ritziwitzi*).

„Bi-Sprache"

Dabis ibist ebibin
Sabitz ibin debir
„Bibi-Sprabichebi" !

Nimm ein Gedicht und füge hinter jedem Selbstlaut eine **„Quatschsilbe"** ein. *Joachim Ringelnatz* hat so etwas einmal gemacht:

I**bi**ch ha**bi**be**bi** di**bi**ch,
Lo**bi**tte**bi** so**bi** lie**bi**b, …

Gegengedicht

Dichte ein „Gegengedicht“:
Wenn dein ausgewähltes Gedicht von Sommer erzählt, dichtest du es so um, dass es vom Winter handelt.
Ein Gedicht über einen Zwerg kann eines vom Riesen werden.
Aus einem Gedicht über eine Blume machst du eins über ein Auto …

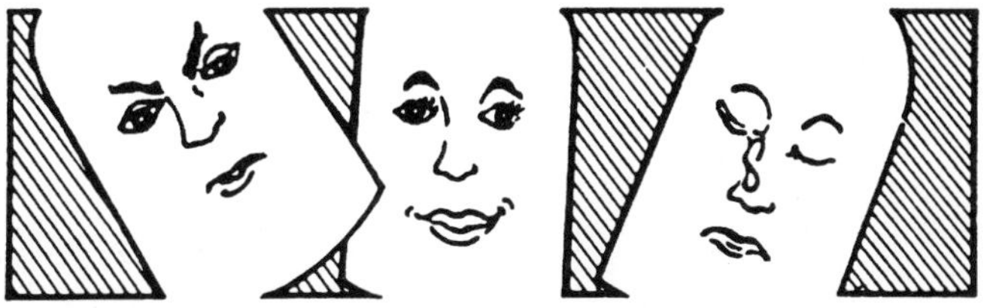

Pantomime

Pantomime ist die Kunst etwas ohne Sprache, nur mit Bewegungen des Körpers und des Gesichtes darzustellen.

Wähle einen Text aus, den man ohne zu sprechen spielen kann.

Du kannst dein Gesicht weiß schminken.
Augenbrauen und Augen sollen schwarz sein.
Ziehe dunkle Handschuhe und Kleidung an, die nicht bunt ist.

Spiele dein Gedicht.
Lies es zum Schluss vor oder lass es, während du spielst, von einem Partner vorlesen.

Gedicht-fenster

Goethe hat einmal geschrieben:
„Gedichte sind gemalte Fensterscheiben …“

Bastle ein „Gedichtfenster“ (Anleitung auf der Rückseite!)**:**

Du kannst hinter die Fenster verschiedene Strophen **eines** Gedichts kleben oder verschiedene kurze Gedichte.

Sicher fallen dir noch viele Möglichkeiten ein, wie man diese Idee verändern kann.

Kartontheater

Hier findest du eine Anleitung, wie man ein Kartontheater bastelt.
Wenn du ein Gedicht findest, das viel Handlung hat, kannst du ein solches Theater bauen und das Gedicht vorspielen.

Die Bühne lässt sich schnell aus einem Schuhkarton herstellen.
An einer Seite der Bühne sollte eine rechteckige Öffnung ausgeschnitten werden, durch welche sich die Spielfiguren auf der Bühne bewegen lassen.
Die Figuren kann man aus dünnem, festem Karton ausschneiden oder (für Geübte) aus dünnem Holz aussägen. Sie werden mit den Füßen an einer Holzleiste festgeklebt.

Anleitung zum Bau eines Gedichtfensters

Male ein Fenster (mit Rahmen) auf dickes Papier oder Pappe.
Schneide ihn rundherum aus.
Die Fensterflügel schneidest du folgendermaßen aus: Mache mit einem scharfen Messer (Vorsicht!) oder einer Schere einen Schnitt in der Mitte, oben und unten, wie auf der Zeichnung zu sehen:

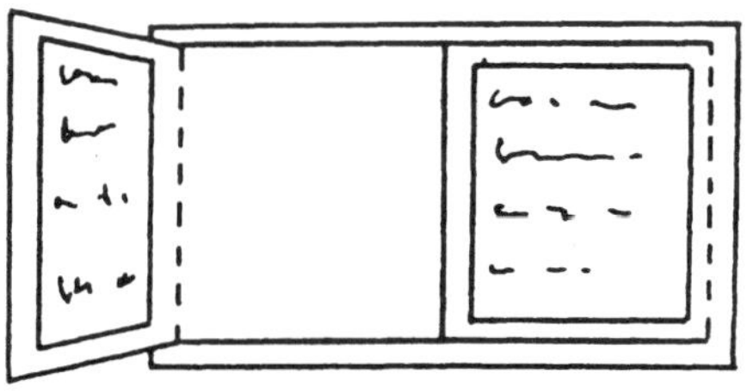

Schneide dann die Fensterscheiben aus. Achte darauf, dass du einen breiten Fensterrahmen stehen lässt. Darauf klebst du nämlich jetzt als Scheiben Transparentpapier. Das Gedicht klebst du hinter das Fenster.

Andere Möglichkeiten: Klebe das Gedicht als „Scheiben" ein und klebe hinter das Fenster ein Bild, das du selbst gemalt hast. Es sollte zum Gedicht passen. Oder umgekehrt: Nimm Bilder als „Scheiben" und „verstecke" das Gedicht hinter dem Fenster.

Ihr könnt die Kartonbühne natürlich noch viel schöner gestalten. Man kann sie anmalen und mit einer Beleuchtung versehen. Das Prinzip der Beleuchtung ist das gleiche wie bei einer Martinslaterne.

Man kann statt des Schuhkartons auch einen richtig großen Pappkarton nehmen und mit Dekorationen versehen. Bei einem großen Pappkarton sollte man die Öffnung zum Spielen besser oben anbringen.

Die Kulissen und den Vorhang kann man an dünnen Holzleisten befestigen und von oben in den Karton einhängen. Er kann aus Papier oder Stoff bestehen.

Und nun viel Spaß beim Theaterspielen.

Basteln – zum Anfassen

Nimm eine große Unterlage aus Pappe und befestige darauf **Dinge**, die in deinem Gedicht vorkommen.

Es sollten Dinge zum Anfassen sein, nichts Gemaltes. Es eignen sich Blätter, Kleidung, Spielzeug, …

© Verlag an der Ruhr, Postfach 10 22 51, 45422 Mülheim an der Ruhr

Übersicht der Gedichte

Dû bist mîn, ich bin dîn ...	namenlos
Ich zoch mir einen Falken ...	Der von Kürenberg
Erlkönig	Johann Wolfgang von Goethe
Der Zauberlehrling	Johann Wolfgang von Goethe
Legende vom Hufeisen	Johann Wolfgang von Goethe
Von Katzen	Theodor Storm
Das alizarinblaue Zwergenkind	Börries von Münchhausen
Lob der Faulheit	Gottfried E. Lessing
Ballade in U-Dur	Detlev von Liliencron
Loreley	Heinrich Heine
Das große Lalula	Christian Morgenstern
Fisches Nachtgesang	Christian Morgenstern
Heidekraut und Heckenrose	Rudolf Hagelstange
In dieser Minute	Eva Rechlin
Das Gewitter	Josef Guggenmos
Was denkt die Maus am Donnerstag	Josef Guggenmos
Der Nachtschelm und das Siebenschwein	Christian Morgenstern
Himmelsklöße	Joachim Ringelnatz
Das Tal Ramunde	James Krüss
Das Feuer	James Krüss
ottos mops	Ernst Jandl
Ich bin allein und die Uhr tickt	Wolf Harranth
Strandgut	Rudolf Otto Wiemer
Alte Zeitungen	Rudolf Otto Wiemer
Beobachtungen	Max Kruse
O unberachenbere Schreibmischane	Josef Guggenmos
Urlaubsfahrt	Hans Adolf Halbey
Reklame	Gudrun Pausewang
Der Bär, der ein Bär bleiben wollte	Reinhard Mey
Kinder	Bettina Wegener

Namenlose Stücke

Dû bist mîn, ich bin dîn:
des solt dû gewis sîn,
dû bist beslozzen
in mînem herzen:
verlorn ist daz slüzzelîn:
dû muost immer drinne sîn.

Ich zôch mir einen valken mêre danne ein jâr,
dô ich in gezamte als ich in wolte hân
und ich im sîn gevidere mit golde wol bewant,
er houp sich ûf vil hôhe und floug in anderiu lant.

Sît sach ich den valken schône fliegen:
er fuorte an sînem fuoze sîdîne riemen,
und was im sîn gevidere alrot guldîn,
got sende si zesamene die gerne geliep wellen sîn!

Der von Kürenberg

Diese Gedichte sind in einem Deutsch geschrieben, das zur Zeit der Ritter bei uns gesprochen wurde (Mittelhochdeutsch). Wenn du es nicht verstehst, findest du auf der Rückseite eine „Übersetzung“!

aus: Echtermeyer/v. Wiese, Deutsche Gedichte, August Bagel Verlag, Düsseldorf 1966

Namenlose Stücke (Übersetzung)

Du bist mein, ich bin dein,
dessen sollst du sicher sein.
Du bist eingeschlossen
in meinem Herzen:
verloren ist das Schlüsselein:
du musst immer drinnen sein.

Ich zog mir einen Falken länger als ein Jahr.
Und als ich ihn gezähmt hatte, wie ich ihn haben wollte
und ich ihm sein Gefieder mit Gold wohl umwunden hatte,
hob er sich auf in große Höhe und flog in ein anderes Land.

Da sah ich nun den Falken so schön fliegen:
er hatte an seinem Fuß seidene Bänder
und war in seinem Gefieder ganz golden.
Gott lasse die zusammenkommen, die sich gern lieb haben möchten.

Der von Kürenberg

Erlkönig

Wer reitet so spät durch Nacht und Wind?
Es ist der Vater mit seinem Kind;
Er hat den Knaben wohl im Arm,
Er fasst ihn sicher, er hält ihn warm. –

Mein Sohn, was birgst du so bang dein Gesicht? –
Siehst Vater, du den Erlkönig nicht?
Den Erlenkönig mit Kron und Schweif? –
Mein Sohn, es ist ein Nebelstreif. –

„Du liebes Kind, komm, geh mit mir!
Gar schöne Spiele spiel ich mit dir;
Manch bunte Blumen sind an dem Strand;
Meine Mutter hat manch gülden Gewand."

Mein Vater, mein Vater, und hörest du nicht,
Was Erlenkönig mit leise verspricht? –
Sei ruhig, bleibe ruhig, mein Kind!
In dürren Blättern säuselt der Wind. –

„Willst, feiner Knabe, du mit mir gehn?
Meine Töchter sollen dich warten schön;
Meine Töchter führen den nächtlichen Reihn
Und wiegen und tanzen und singen dich ein."

Mein Vater, mein Vater, und siehst du nicht dort
Erlkönigs Töchter am düstern Ort? –
Mein Sohn, mein Sohn, ich seh es genau;
Es scheinen die alten Weiden so grau. –

„Ich liebe dich, mich reizt deine schöne Gestalt;
Und bist du nicht willig, so brauch ich Gewalt." –
Mein Vater, mein Vater, jetzt fasst er mich an!
Erlkönig hat mir ein Leids getan! –

Dem Vater grauset's, er reitet geschwind,
Er hält in den Armen das ächzende Kind,
Erreicht den Hof mit Mühe und Not;
In seinen Armen das Kind war tot.

Johann Wolfgang von Goethe

aus: Echtermeyer/v. Wiese, Deutsche Gedichte, August Bagel Verlag, Düsseldorf 1966

Der Zauberlehrling

Hat der alte Hexenmeister
sich doch einmal wegbegeben!
Und nun sollen seine Geister
auch nach meinem Willen leben.
Seine Wort und Werke
merkt ich und den Brauch,
und mit Geistesstärke
tu ich Wunder auch.

Walle! walle
manche Strecke,
dass zum Zwecke
Wasser fließe
und mit reichem, vollem Schwalle
zu dem Bade sich ergieße.

Und nun komm, du alter Besen,
nimm die schlechten Lumpenhüllen!
Bist schon lange Knecht gewesen;
nun erfülle meinen Willen!
Auf zwei Beinen stehe,
oben sei ein Kopf!
Eile nun und gehe
mit dem Wassertopf!

Walle! walle
manche Strecke,
dass zum Zwecke
Wasser fließe
und mit reichem, vollem Schwalle
zu dem Bade sich ergieße.

Seht, er läuft zum Ufer nieder;
wahrlich! ist schon an dem Flusse,
und mit Blitzesschnelle wieder
ist er hier mit raschem Gusse.
Schon zum zweiten Male!
Wie das Becken schwillt!
Wie sich jede Schale
voll mit Wasser füllt!
Stehe! Stehe!

Denn wir haben
deiner Gaben
vollgemessen! –
Ach, ich merk es! Wehe! wehe!
Hab ich doch das Wort vergessen –

Ach! das Wort, worauf am Ende
er das wird, was er gewesen.
Ach, er läuft und bringt behände!
Wärst du doch der alte Besen!
Immer neue Güsse
bringt er schnell herein,
ach! und hundert Flüsse
stürzen auf mich ein.

Nein, nicht länger
kann ich's lassen;
will ihn fassen
Das ist Tücke!
Ach, nun wird mir immer bänger!
Welche Miene! welche Blicke!

O, du Ausgeburt der Hölle!
Soll das ganze Haus ersaufen?
Seh ich über jede Schwelle
doch schon Wasserströme laufen.
Ein verruchter Besen,
der nicht hören will!
Stock, der du gewesen,
steh doch wieder still!

Willst's am Ende
gar nicht lassen?
Will dich fassen,
will dich halten,
und das alte Holz behände
mit dem scharfen Beile spalten.

Seht, da kommt er schleppend wieder!
Wie ich mich nur auf dich werfe,
gleich, o Kobold, liegst du nieder;
krachend trifft die glatte Schärfe.
Wahrlich! brav getroffen!
Seht, er ist entzwei!
Und nun kann ich hoffen,
und ich atme frei.

Wehe! wehe!
Beide Teile
stehn in Eile
schon als Knechte
völlig fertig in die Höhe!
Helft mir, ach! ihr hohen Mächte!

Und sie laufen! Nass und nässer
wird's im Saal und auf den Stufen.
Welch entsetzliches Gewässer!
Herr und Meister! hör mich rufen! –
Ach, da kommt der Meister!
Herr, die Not ist groß!
Die ich rief, die Geister,

werd ich nun nicht los.
„In die Ecke,
Besen! Besen!
Seid's gewesen!
Denn als Geister
ruft euch nur zu seinem Zwecke
erst hervor der alte Meister."

Johann Wolfgang Goethe

Legende vom Hufeisen

Als noch, verkannt und sehr gering,
unser Herr auf der Erde ging
und viele Jünger sich zu ihm fanden,
die sehr selten sein Wort verstanden,
liebt' er sich gar über die Maßen
seinen Hof zu halten auf der Straßen,
weil unter des Himmels Angesicht
man immer besser und freier spricht.
Er ließ sie da die höchsten Lehren
aus seinem hellen Munde hören;
besonders durch Gleichnis und Exempel
macht' er einen jeden Markt zum Tempel.

So schlendert' er in Geistes Ruh
mit ihnen einst einem Städtchen zu,
sah etwas blinken auf der Straß,
das ein zerbrochen Hufeisen was.
Er sagte zu Sankt Peter drauf:
„Heb doch einmal das Eisen auf!"
Sankt Peter war nicht aufgeräumt,
er hatte soeben im Gehen geträumt,
so was vom Regiment der Welt,
was einem jeden wohlgefällt;
denn im Kopf hat das keine Schranken.
Das waren so seine liebsten Gedanken.
Nun war der Fund ihm viel zu klein,
hätte müssen Kron und Zepter sein;
aber wie sollt er seinen Rücken
nach einem halben Hufeisen bücken?
Er also sich zur Seite kehrt
und tut, als hätt er's nicht gehört.
Der Herr nach seiner Langmut drauf
hebt selber das Hufeisen auf
und tut auch weiter nicht dergleichen.
Als sie nun bald die Stadt erreichen,
geht er vor eines Schmiedes Tür,
nimmt von dem Mann drei Pfennig dafür.
Und als sie über den Markt nun gehen,
sieht er daselbst schöne Kirschen stehen,
kauft ihrer so wenig oder so viel,
als man für einen Dreier geben will,
die er sodann nach seiner Art
ruhig im Ärmel aufbewahrt.
Nun ging's zum anderen Tor hinaus
durch Wies und Felder ohne Haus,
auch war der Weg von Bäumen bloß,
die Sonne schien, die Hitz war groß,
sodass man viel an solcher Stätt
für einen Trunk Wasser gegeben hätt.

Der Herr geht immer voraus vor allen,
lässt unversehens eine Kirsche fallen.
Sankt Peter war gleich dahinter her,
als wenn es ein goldner Apfel wär;
das Beerlein schmeckte seinem Gaum.
Der Herr nach einem kleinen Raum
ein ander Kirschlein zur Erde schickt,
wonach Sankt Peter schnell sich bückt.
So lässt der Herr ihn seinen Rücken
gar vielmal nach den Kirschen bücken.
Das dauert eine ganze Zeit;
dann sprach er Herr mit Heiterkeit:
„Tätst du zur rechten Zeit dich regen,
hätt'st du's bequemer haben mögen.
Wer geringe Ding wenig acht't,
sich um geringere Mühe macht."

Johann Wolfgang Goethe

aus: Johann Wolfgang von Goethe, Werke, Hamburger Ausgabe, München, C.H. Beck'sche Verlagsbuchhandlung 1981

Von Katzen

Vergangnen Maitag brachte meine Katze
Zur Welt sechs allerliebste kleine Kätzchen,
Maikätzchen, alle weiß mit schwarzen Schwänzchen.
Fürwahr, es war ein zierlich Wochenbettchen!
Die Köchin aber – Köchinnen sind grausam,
Und Menschlichkeit wächst nicht in einer Küche –
Die wollte von den sechsen fünf ertränken,
Fünf weiße, schwarzgeschwänzte Maienkätzchen
Ermorden wollte dies verruchte Weib.
Ich half ihr heim! – Der Himmel segne
Mir meine Menschlichkeit! Die lieben Kätzchen,
Sie wuchsen auf und schritten binnen kurzem
Erhobnen Schwanzes über Hof und Herd;
Ja, wie die Köchin auch ingrimmig dreinsah,
Sie wuchsen auf und nachts vor ihrem Fenster
Probierten sie die allerliebsten Stimmchen.
Ich aber, wie ich sie so wachsen sahe,
Ich pries mich selbst und meine Menschlichkeit. –
Ein Jahr ist um und Katzen sind die Kätzchen,
Und Maitag ist's! – Wie soll ich es beschreiben,
Das Schauspiel, das sich jetzt vor mir entfaltet!
Mein ganzes Haus, vom Keller bis zum Giebel,
Ein jeder Winkel ist ein Wochenbettchen!
Hier liegt das eine, dort das andre Kätzchen,
In Schränken, Körben, unter Tisch und Treppen,
Die Alte gar – nein, es ist unaussprechlich,
Liegt in der Köchin jungfräulichem Bette!
Und jede, jede von den sieben Katzen
Hat sieben, denkt euch! sieben junge Kätzchen,
Maikätzchen, alle weiß mit schwarzen Schwänzchen!
Die Köchin rast, ich kann der blinden Wut
Nicht Schranken setzen dieses Frauenzimmers;
Ersäufen will sie alle neunundvierzig!
Mir selber! ach, mir läuft der Kopf davon –
O Menschlichkeit, wie soll ich dich bewahren!
Was fang ich an mit sechsundfünfzig Katzen! –

Theodor Storm

aus: Echtermeyer/v. Wiese, Deutsche Gedichte, August Bagel Verlag, Düsseldorf 1966

Das alizarinblaue Zwergenkind

Nein, was habe ich gelacht!
Da kam doch diese Nacht
ein kleinwinziges Zwergenkind
aus dem Bücherspind
hinter Kopischs Gedichten vor
und krebselte an meinem Schreibtisch empor!

Trippelt ans Tintenfass:
Was ist denn das?
Stippt den schneckenhorndünnen Finger hinein,
leckt: Ui, fein!
Macht halslang, guckt dumm
noch mal in der ganzen Stube rum,
Gott sei Dank, allein!
Zwergenvater begegnet sich selber im Mondenschein.
Mutter, um was Gescheiteres anzufangen,
ist e bissel spuken gegangen.

Da knöpft er sein Wämschen ab,
Hemd runter! Schwapp,
spritzt es ins Tintenbad hinein,
taucht, planscht, wischt die Augen rein,
pudelt,
und sprudelt,
nimmt's Mäulchen voll,
prustet ein Springbrunnen hoch zwei Zoll,
streckt's Füßchen raus, schnalzt mit den Zehn,
taucht, um mal auf'm Kopf zu stehn.
Endlich Schluss der Badesaison!
Klettert raus, trippelt über meinen Löschkarton,
schuppert sich, über und über pitsche-patsche-nass,
brr, wie kalt war das!
Ist selig, wie es sich zugesaut,
und kriegt eine alizarinblaue Gänsehaut.

Das alizarinblaue Zwergenkind (Fortsetzung)

Nun trocknet sich's auf dem Löschpapier,
probiert dort und hier,
was da für'n feines Muster bleibt,
als ob einer, der schreiben kann, schreibt!
Ein Fußstapf – wie 'ne Bohne beinah!
Ein Handklitsch – alle fünf Finger da!
Nun die Nase aufgetunkt,
lacht schrecklich: ein richtiger Punkt,
ein Punkt!

Wo's aber gesessen hat
auf dem roten Blatt,
wie's da hinguckt,
da hat's ein Dreierbrötchen gedruckt,
ein kleinwinziges, zweihälftiges Dreierbrot,
Blau auf Rot!

Erst lacht's. Dann schämt sich's. Und dann
so schnell es kann,
am Tischbein runter, durch den Mondschein
in' Schrank hinein.

Ein Weilchen noch hinter den Büchern her
hört ich's piepsen und heulen sehr,
hat so arg geschnieft und geschluckt,
weil es das – Dreierbrötchen da hingedruckt!

Börries Freiherr von Münchhausen

aus: Das Balladenbuch, Deutsche Verlagsanstalt, Stuttgart 1953

Lob der Faulheit

Faulheit, jetzo will ich dir
auch ein kleines Loblied bringen.-
O — wie — sau — er — wird es mir —
dich — nach Würden — zu besingen!
Doch, ich will mein Bestes tun,
nach der Arbeit ist gut ruhn.

Höchstes Gut, wer dich nur hat,
dessen ungestörtes Leben —
Ach! — ich — gähn' — ich — werde matt —
Nun — so — magst du — mir's vergeben,
dass ich dich nicht singen kann;
du verhinderst mich ja dran.

Gotthold Ephraim Lessing

aus: G.E. Lessing, Ges. Werke in 10 Bd., Bd. 1, Hrsg. Paul Rilla, Aufbau-Verlag, Berlin 1954

Ballade in U-Dur

Es lebte Herr Kunz von Karfunkel
mit seiner verrunzelten Kunkel
auf seinem Schlosse Punkpunkel
in Stille und Sturm.
Seine Lebensgeschichte war dunkel,
es murmelte manch Gemunkel
um seinen Turm.

Täglich ließ er sich sehen
beim Auf- und Niedergehen
in den herrlichen Ulmenalleen
seines adligen Guts.
Zuweilen blieb er stehen
und ließ die Federn wehen
seines Freiherrnhuts.

Er war just hundert Jahre,
hatte schneeschlohweiße Haare
und kam mit sich ins Klare:
Ich sterbe nicht.
Weg mit der verfluchten Bahre
und ähnlicher Leichenware!
Hohl' sie die Gicht!

Werde ich, neugiertrunken
ins Gartengras gesunken,
entdeckt von dem alten Halunken,
dann grunzt er plump:
„Töw, Sumpfhuhn, ich will die glieks tunken
in den Uhlenpfuhl zu den Unken,
du schrumpliger Lump."

Einst lag ich im Verstecke
im Park an der Rosenhecke,
da kam auf der Ulmenstrecke
etwas angemufft.
Ich bebe, ich erschrecke:
Ohne Sense kommt mit Geblecke
der Tod, der Schuft.

Ballade in U-Dur (Fortsetzung)

Und von der anderen Seite,
mit dem Krückstock als Geleite,
in knurrigem Geschreite,
kommt auch einer her.
Der sieht nicht in die Weite,
der sieht nicht in die Breite,
geht gedankenschwer.

„Hallo, du kleine Mücke“,
meckert der Tod voll Tücke,
„hier ist eine Gräberlücke,
hinunter ins Loch!
Erlaube, dass ich dich pflücke,
sonst hau ich dir auf die Perücke,
oller Knasterknoch“.

Der alte Herr, mit Grimassen,
tut seinen Krückstock fest fassen:
„Was hast du hier aufzupassen,
du Uhu, du!
Weg da aus meinen Gassen,
sonst will ich dich abschrammen lassen
zur Uriansruh!“

Sein Krückstock saust behende
auf die dürren, gierigen Hände,
die Knöchel- und Knochenverbände:
knicksknucksknacks.
Freund Hein schreit: „Au, mach ein Ende!
Au, au, ich lauf ins Gelände
nach Haus schnurstracks.“

Noch heute lebt Herr Kunz von Karfunkel
mit seiner verrunzelten Kunkel
auf seinem Schloss Punkpunkel
in Stille und Sturm.
Seine Lebensgeschichte war dunkel,
es murmelte und raunt manch Gemunkel
um seinen Turm.

Detlev von Liliencron

aus: Detlev von Liliencron, Ausgewählte Werke, Bd. 2, Deutsche Verlagsanstalt, Stuttgart, 1930

Die Loreley

Ich weiß nicht, was soll es bedeuten,
Dass ich so traurig bin;
Ein Märchen aus alten Zeiten,
Das kommt mir nicht aus dem Sinn.

Die Luft ist kühl und es dunkelt,
Und ruhig fließt der Rhein;
Der Gipfel des Berges funkelt
Im Abendsonnenschein.

Die schönste Jungfrau sitzet
Dort oben wunderbar,
Ihr goldnes Geschmeide blitzet,
Sie kämmt ihr goldenes Haar.

Sie kämmt es mit goldenem Kamme
Und singt ein Lied dabei;
Das hat eine wundersame,
Gewaltige Melodei.

Den Schiffer im kleinen Schiffe
Ergreift es mit wildem Weh;
Er schaut nicht die Felsenriffe,
Er schaut nur hinauf in die Höh.

Ich glaube, die Wellen verschlingen
Am Ende Schiffer und Kahn;
Und das hat mit ihrem Singen
Die Lore-Ley getan.

Heinrich Heine

aus: Walter Hansen (Hrsg.), Das Buch der Balladen, Mosaik Verlag, München 1978

Das große Lalula

Kroklokwafzi? Semememi!
Seiokrontro – prafriplo:
Bifzi, bafzi; hulalemi:
quasti bast bo ...
Lalu lalu lalu lalu la!

Hontraruru miromente
zaska zes rü rü?
Entepente, Leiolente
klekwapzfzi lü?
Lalu lalu lalu lalu la!

Simarar kos malzipempu
silzuzankunkrei(;)!
Marjomar dos: Quempu Lempu
Siri Suri Sei()
Lalu lalu lalu lalu la!

Christian Morgenstern

aus: Christian Morgenstern, Gesammelte Werke in einem Band, Piper Verlag, München 1965

Fisches Nachtgesang

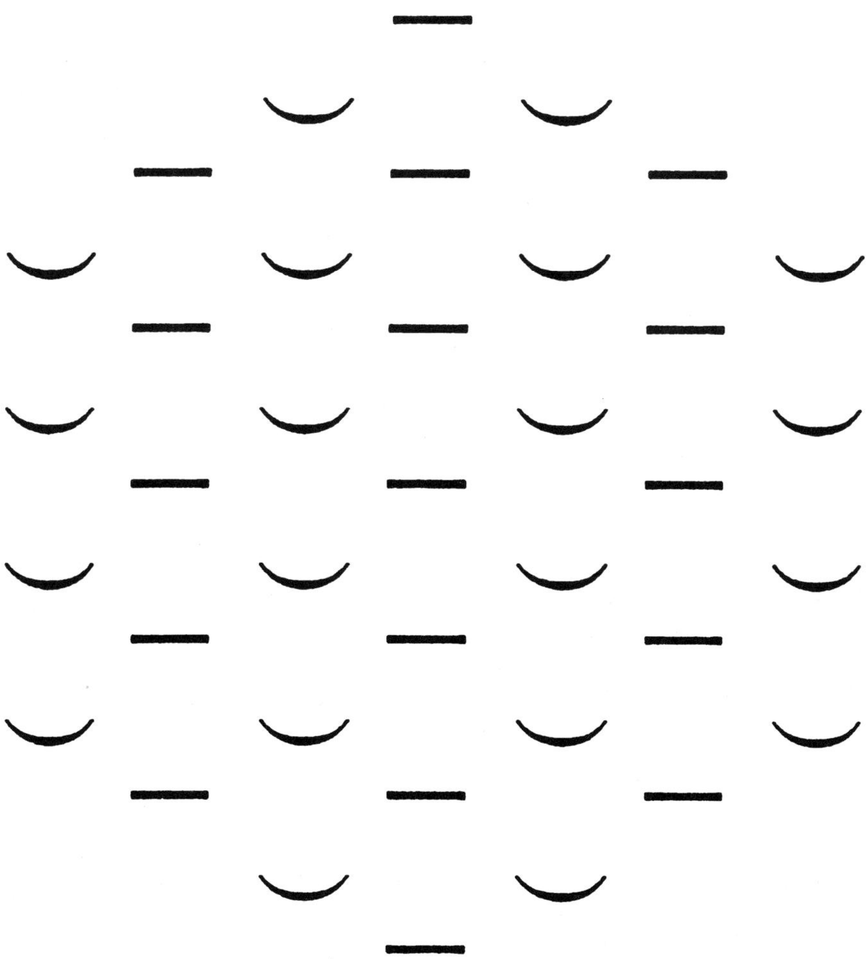

Christian Morgenstern

aus: Christian Morgenstern, Gesammelte Werke in einem Band, Piper Verlag, München 1965

Heidekraut und Heckenrose

Heidekraut und Heckenrose,
Himmelsschlüssel, Hahnenfuß –
seht die Hummel, wie sie lose
jeden Kelch beschnüffeln muss!
Grade steckt sie ihren Rüssel
in die gelben Himmelsschlüssel.
Wenn sie dabei brummt, so wisst,
dass es nicht vor Ärger ist.
Manche brummen vor Vergnügen,
wenn sie was Besondres kriegen.

Rudolf Hagelstange

aus: Jochen Specht, Mein Blumen-ABC, Verse von R. Hagelstange, Ensslin & Laublin, Reutlingen 1949

In dieser Minute

In der Minute, die jetzt ist –
und die du gleich nachher vergisst –,
geht ein Kamel auf allen vieren
im gelben Wüstensand spazieren
und auf den Nordpol fällt jetzt Schnee
und tief im Titicacasee
schwimmt eine lustige Forelle.
Und eine hurtige Gazelle
springt in Ägypten durch den Sand.
Und weiter weg im Abendland
schluckt jetzt ein Knabe Lebertran.
Und auf dem großen Ozean
fährt wohl ein Dampfer durch den Sturm.
In China kriecht ein Regenwurm
zu dieser Zeit zwei Zentimeter.
In Prag hat jemand Ziegenpeter
und in Amerika ist wer,
der trinkt grad seine Tasse leer
und hoch im Norden irgendwo,
da hustet jetzt ein Eskimo
und in Australien – huhu –
springt aus dem Busch ein Känguru.
In Frankreich aber wächst ein Baum
ein kleines Stück, man sieht es kaum
und in der großen Mongolei
schleckt eine Katze Kirsebrei.
Und hier bei uns, da bist nun du
und zappelst nun selbst immerzu
und wenn du das nicht tätest, wär
die Welt jetzt stiller als bisher!

Eva Rechlin

aus: So viele Tage wie das Jahr hat, hrsg. v. James Krüss, Bertelsmann, Gütersloh 1959

Das Gewitter

Hinter dem Schlossberg kroch es herauf:
Wolken – Wolken!
Wie graue Mäuse,
ein ganzes Gewusel.
Zuhauf jagten die Wolken gegen die Stadt.
Und wurden groß
und glichen Riesen
und Elefanten
und dicken, finsteren Ungeheuern,
wie sie noch niemand gesehen hat.
Gleich geht es los!
sagten im Kaufhaus Dronten
drei Tanten
und rannten heim, so schnell sie konnten.
Da fuhr ein Blitz
mit helllichtem Schein,
zickzack,
blitzschnell
in einen Alleebaum hinein.
Und ein Donner schmetterte hinterdrein,
als würden dreißig Drachen
auf Kommando lachen
um die Welt zu erschrecken.
Alle Katzen in der Stadt
verkrochen sich
in die allerhintersten Stubenecken.
Doch jetzt ging ein Platzregen nieder!
Die Stadt war überall
nur noch ein einziger Wasserfall.
Wildbäche waren die Gassen.
Plötzlich war alles vorüber.
Die Sonne kam wieder
und blickte vergnügt
auf die Dächer, die nassen.

Josef Guggenmos

aus: Kinder - immer währender Kalender, Österreichischer Bundesverlag, Wien 1958

Was denkt die Maus am Donnerstag

Was denkt die Maus am Donnerstag,
am Donnerstag,
am Donnerstag?

Dasselbe wie an jedem Tag,
an jedem Tag,
an jedem Tag.

Was denkt die Maus an jedem Tag,
am Dienstag, Mittwoch, Donnerstag
und jeden Tag
und jeden Tag?

O hätte ich ein Wurstebrot
mit ganz viel Wurst
und wenig Brot!
O fände ich zu meinem Glück,
ein riesengroßes Schinkenstück!

Das gäbe Saft, das gäbe Kraft!
Da wär ich nicht mehr Mäuschen klein,
da würd ich groß wie ein Ochse sein.

Doch wäre ich erst
so groß wie ein Stier,
dann würde ein tapferer Held aus mir.
Das wäre herrlich,
das wäre recht –

und der Katze,
der Katze
ginge es schlecht!

Josef Guggenmos

aus: Josef Guggenmos, Was denkt die Maus am Donnerstag, Georg Bitter Verlag, Recklinghausen, 1967

Der Nachtschelm und das Siebenschwein oder eine glückliche Ehe

Der Nachtschelm und das Schiebenschwein
die gingen eine Ehe ein,
o wehe!
Sie hatten dreizehn Kinder und
davon war eins der Schluchtenhund,
zwei andre waren Rehe.

Das vierte war die Rabenmaus,
das fünfte war ein Schneck samt Haus,
o Wunder!
Das sechste war ein Käuzelein,
das siebte war ein Siebenschwein
und lebte in Burgunder.

Acht war ein Gürteltier nebst Gurt,
neun starb sofort nach der Geburt,
o wehe!
Von zehn bis dreizehn ist nicht klar; –
doch wie dem auch gewesen war,
es war eine glückliche Ehe.

Christian Morgenstern

aus: Christian Morgenstern, Gesammelte Werke, Piper Verlag, München, 1965

Himmelsklöße

Je mehr Kinder dabei mitmachen
Umso mehr gibt es nachher zu lachen.

Dicke Papiere sind nicht zu gebrauchen.
„Man muss Zeitung oder Briefe von Vaters Schreibtisch nehmen.
Keiner darf sich schämen
Das Papier mit der Hand in den Nachttopf zu tauchen.
Wenn es ganz weich ist, wird es zu Klößen geballt
Und mit aller Wucht gegen die Decke geknallt.

Man darf auch vorher schnell noch Popel hineinkneten.
Solche Klöße bleiben oben minutenlang kleben.
Jedes Kind muss nun unter einen der Klöße treten
Und den offenen Mund nach der Decke erheben.

Vorher singen alle im Rund:
„Lieber Himmel tu uns kund,
Wer hat einen bösen Mund."
Bis der erste Kloß runterfällt
Und trifft zum Beispiel in Fannis Gesicht.
Dann wird die Fanni umstellt.
Und alle singen (nur Fanni nicht):
„Schweinehündin, Schweinehund!
Himmelsklöße taten kund:
Du hast einen bösen Mund.
Sperrt sie in den Kleiderschrank
Wegen ihrem Mordsgestank."

Steckt eurem Vater frech die Zunge
Heraus: Und ruft: „Prost Lausejunge!"
Dann – wenn er vorher auch noch grollte –
Vergisst er, dass er euch prügeln wollte.

Joachim Ringelnatz

aus: Joachim Ringelnatz, Das große Ringelnatz-Kinderbuch, Henssel Verlag, Berlin 1989

Das Tal Ramunde

Im Land der tausend Berge,
Da liegt ein großes Tal,
Da wohnen viele Zwerge,
Zweihundert an der Zahl.
Die Zwerge heißen Tüpfelfritz
Und Kipfelschnitz und Zipfelmütz.
Der höchste Berg heißt Gipfelspitz.
Ramunde heißt das Tal.

Es liegt im Tal Ramunde
Ein Garten, groß und grün.
Weithin auf seinem Grunde
Die schönsten Blumen blühn.
Die Blumen heißen Plustermohn
Und Schustersohn und Dusterkron.
Die schönste heißt Flibusterthron.
Der Gärtner heißt Herlin.

Der Gärtner pflegt die Blüten,
Die in Ramunde sind.
Die Zwerge aber hüten
Die Blumen vor dem Wind.
Die Winde heißen Brausewald
Und Lausekalt und Sausehald,
Der keckste Wind heißt Flausebald
Und Kai des Gärtners Kind.

Des Gärtners kleiner Bube
Hat einen roten Schal.
Es sammelt in der Stube
Die Kräuter aus dem Tal.
Die Kräuter heißen Mistelwurz
Und Distelfurz und Christelschurz
Und Fistelpurz und Quistelkurz
Und Abendsonnenstrahl.

James Krüss

aus: James Krüss, Der Zauberer Korinthe, Oetinger Verlag, Hamburg 1982

Das Feuer

Hörst du, wie die Flammen flüstern,
Knicken, knacken, krachen, knistern,
Wie das Feuer rauscht und saust,
Brodelt, brutzelt, brennt und braust?

Siehst du, wie die Flammen lecken,
Züngeln und die Zunge blecken,
Wie das Feuer tanzt und zuckt,
Trockne Hölzer schlingt und schluckt?

Riechst du, wie die Flammen rauchen,
Brenzlig, brutzlig, brandig schmauchen,
Wie das Feuer, rot und schwarz,
Duftet, schmeckt nach Pech und Harz?

Fühlst du, wie die Flammen schwärmen,
Glut aushauchen, wohlig wärmen,
Wie das Feuer, flackrig-wild,
Dich in warme Wellen hüllt?

Hörst du, wie es leiser knackt?
Siehst du, wie es matter flackt?
Riechst du, wie der Rauch verzieht?
Fühlst du, wie die Wärme flieht?

Kleiner wird der Feuersbraus:
Ein letztes Knistern,
Ein feines Flüstern,
Ein schwaches Züngeln,
Ein dünnes Ringeln -
Aus.

James Krüss

aus: James Krüss, Der Zauberer Korinthe, Oetinger Verlag, Hamburg 1982

ottos mops

ottos mops trotzt
otto: fort mops fort
ottos mops hopst fort
otto: soso

otto holt koks
otto holt obst
otto horcht
otto: mops mops
otto hofft

ottos mops klopft
otto: komm mops komm
ottos mops kommt
ottos mops kotzt
otto: ogottogott

Ernst Jandl

aus: Ernst Jandl, Der künstliche Baum, Luchterhand Literatur Verlag, Darmstadt 1970

Ich bin allein und die Uhr tickt

Ma – ma, Pa – pa
Ma – ma, Pa – pa
Mam – pa, Mam – pa.

PAM – MA. PAM – MA.
PAM – MA. PAM – MA.

Mam – pa. Mam – pa.
Ma – ma. Pa – pa.
Ma – ma. Pa – pa.

Klick-klack
Der Schlüssel im Schloss.

Gott sei Dank, da kommen sie.
Mama und Papa.

Jetzt bin ich
nicht mehr allein

Wolf Harranth

aus: Überall und neben dir, Gedichte für Kinder, Hrsg. H.J. Gelberg, Beltz + Gelberg, Weinheim 1986

Strandgut

Wir haben am Strand im Sand gewühlt,
da ward uns vor die Füße gespült
ein Stück braunes Holz.

Und auf dem Holz von fremder Hand
Buchstaben waren eingebrannt –
irgendein Wort.

Das Wort war nicht groß, das Wort war klein –
was für ein Wort mochte es sein?
Keiner konnte es lesen.

Wir sagten „Ruhm“, wir sagten „Geld“,
„Brot“, „Heimat“, „help me“, „ship zerschellt“ –
Wörter gäb's viel.

Zuletzt hat einer „Frieden“ gesagt
und dann hat keiner mehr gefragt –
wir blickten uns an.

Rudolf Otto Wiemer

aus: Überall und neben dir, Gedichte für Kinder, Hrsg. H.J. Gelberg, Beltz + Gelberg, Weinheim 1986

Alte Zeitungen

Ich habe mir gestern das Frühstücksbrot
in ‘ne alte Zeitung gepackt.
Drauf stand: Ein Schiff ist bei Kap Horn
mit Mann und Maus versackt.

Mein arg zerfleddertes Rechenbuch
steckt gleichfalls in Zeitungspapier.
Drauf steht: Überschwemmung am Kongofluss
vernichtete Mensch und Tier.

Auch der Umschlag zu meinem Kalenderheft
war mit Zeitungspapier überklebt:
Das Bombardement im Kampfgebiet
ist wieder aufgelebt.

Und auf dem Tisch das Zeitungsblatt
mit Lettern groß und rot:
Die Kinder von Ostpakistan
vom Hungertod bedroht.

Und als ich im Keller das Fensterglas
mit ‘ner dicken Zeitung verhängt.
las ich: Zweitausend Tonnen Korn
im Pazifik versenkt.

Dann stopft ich mit Zeitung die Schuhe aus,
sie waren vom Regen schwer.
Da stand: Zwanzigtausend Tote im Jahr,
allein im Straßenverkehr.

Und eine Zeitung im Februarwind
flog über die Wege am Wall.
Flog mir vor den Fuß: Ich las: Viel Spaß –
viel Spaß im Karneval!

Rudolf Otto Wiemer

aus: Überall und neben dir, Gedichte für Kinder, Hrsg. H.J. Gelberg, Beltz + Gelberg, Weinheim 1986

Beobachtungen

Zarte, feine
klitzekleine
Spuren findest du im Schnee?
Zarte, feine
klitzekleine
Spuren – die sind nicht vom Reh!

Diese krickel
krackel Grüße
schrieb ein andrer Gast hierher:
Zickel zackel
Vogelfüße –
schau: Dort sind schon keine mehr.

Denn nur eben
fast im Schweben
hüpfte, pickte er im Lauf –
und
mit einem Sprunge,
Schwunge
flog er zu den Wolken auf.

Max Kruse

aus: Überall und neben dir, Gedichte für Kinder, Hrsg. H.J. Gelberg, Beltz + Gelberg, Weinheim 1986

O unberachenbere Schreibmischane

O unberachenbere Schreibmischane,
was bist du für ein winderluches Tier?
Du tauschst die Bachstuben
günz nach Vergnagen
und schröbst so scheinen
Unsinn aufs Papier!

Du tappst die falschen Tisten,
luber Bieb!
O sige mar, was kann da ich dafür?

Josef Guggenmos

aus: Josef Guggenmos, Was denkt die Maus am Donnerstag, Bitter Verlag, Recklinghausen 1967

Urlaubsfahrt

koffer koffer kindertragen
flaschen taschen puppenwagen
papa mama koffer kinder
autokarte notlichtblinker

früh geweckt gefrühstückt raus
winke winke schlüssel haus
autobahnen autoschlange
kinderplappern mama bange

schlange kriechen sonne heiß
stinken staub benzin und schweiß
stockung hunger mama brote
papa skatspiel radio: tote

schlafen schimpfen hupen schwitzen
weiterfahren weitersitzen
müde mitternacht hotel pension
dreißigtausend warten schon

Hans Adolf Halbey

aus: Es wollt ein Tänzer auf dem Seil den Seiltanz tanzen eine Weil, Sauerländer, Aarau/Ff./M. 1977

Werbung

Nimm PERSIL bei Naselaufen!
Katzen würden PAMPERS kaufen.
Mein PAL? Dein PAL? – Na, na, na:
PAL ist für uns alle da!

Köstlich: BAC und DENTABELLA,
zubereitet mit SANELLA!
Und bei Arbeit, Sport und Spiel,
was macht da mobil? – Nur PRIL!

Bist verkalkt du, nimm CALGON,
doch vielleicht hilft DUPLO schon.
ATA-Reisen: Schnell, die Buchung!
KNORR – die zarteste Versuchung ...

MEISTER PROPER, Gott sei Dank,
packt dir SCHAUMA in den Tank.
Und DOMESTOS mit Aroma
gibt der Zahnarzt seiner Oma.

Koche nur mit KUKIDENT!
Und wenn's dir im Magen brennt:
AJAX, ESSO, KITEKAT –
Ja, da weiß man, was man hat!

Gudrun Pausewang

aus: Die Erde ist mein Haus, 8. Jahrbuch der Kinderliteratur, Hrsg. H.J. Gelberg, Beltz + Gelberg, Weinheim/Basel 1988

Der Bär, der ein Bär bleiben wollte

Er lebte in den Wäldern und lebte frei und allein.
Sein Reich ging von den Hügeln bis tief ins Land hinein.
Vom Bach bis an die Ufer seines Flusses und von da
Hinab bis in die Täler, soweit sein Auge sah.
Er kannte jede Höhle und fast jeden Blaubeerstrauch,
Die Lieblingsplätze der Forellen selbstverständlich auch.
Und abends liebte er es sehr im hohen Gras zu stehn,
An einen Fels gelehnt und ins Land hinauszusehn.

So stand der Bär auch an jenem Nachmittag auf dem Fels.
Recht deutlich spürte er den Herbstwind schon in seinem Pelz.
Amm Himmel sah er Wildgänse in Scharen südwärts ziehn,
Er gähnte oft und er war müd und es fröstelte ihn.
Er trottete zu seiner Lieblingshöhle durch das Laub,
Verscharrte noch den Eingang hinter sich und sprach, „Ich glaub
Es riecht nach Schnee“, während er letzte Vorkehrungen traf,
Legte sich auf sein Lager und begann den Winterschlaf.

Er sollte Recht behalten, es begann noch nachts zu schnein,
Der Winter zog in seinen Wald, der Boden fror zu Stein.
Ein eis’ger Wind sang in den klaren Nächten im Geäst.
Dem Bär’n in seinem Unterschlußf war warm und er schlief fest.
Doch mit dem Winter kamen auch die Menschen in den Wald,
Sie fällten Baum um Baum, vermaßen, zäunten ein und bald,
Brachten sie Kräne, Rohre, Bagger, Stahlbeton. Schon stand
Genau über der Höhle eine Fabrik im Land.

Der Frühling kam und gut gelaunt erwachte auch der Bär
Tief unten in der Höhe, nur das Aufstehn fiel noch schwer.
Und als er dann schlaftrunken durch den engen Ausgang stieg,
Stand er ungläubig mitten auf dem Vorhof der Fabrik.
Da kam auch schon ein Pförtner brüllend auf ihn zumarschiert.
„Los du da, an die Arbeit statt hier ‘rumzustehn, kapiert“.
„Verzeihung“, sprach der Bär verstört, „aber ich bin ein Bär“.
„Jetzt reicht`s mir“, schrie der Mann
„zum Personalchef, kein Wort mehr!“

Der Bär, der ein Bär bleiben wollte (Fortsetzung)

Der Personalchef war ein muffiger, verhärmter Mann.
„Ich bin ein Bär“, sagte der Bär, „das sieht man mir doch an.“
„Was ich sehe, ist meine Sache“, sprach der Mann, „und du
Bist ein dreckiger Faulpelz und noch unrasiert dazu“.
Dann schubste er ihn zum Vizedirektor, der aktiv
Und sehr ergeben unterwürfig den Direktor rief.
Der sprach und ließ dabei seinen Managersessel drehn,
„Unser Herr Präsident wünscht das faule Subjekt zu seh'n“.

„Soso“, sagte der Präsident. „Sie sind also ein Bär“.
Er hatte das größte Büro und langweilte sich sehr.
Er war so mächtig, dass er keinen Schreibtisch mehr besaß,
Keine Krawatte tragen musste und nur Comics las.
„Wenn Sie ein Bär sind, bitte, dann beweisen Sie das auch“.
Der Bär kratzte sich vor Verlegenheit über den Bauch.
„Nein, Bären gibt es nur in Zoo und Zirkus kurz und klein.
Genau dort hol'n wir jetzt ein Gutachten über Sie ein“.

Die Präsidentenlimousine fuhr den Bär'n zum Zoo
Und seine Artgenossen musterten ihn schadenfroh.
Und einstimmig erklärten sie, wer Auto fährt und wer
Nicht hinter Gittern lebt, sei alles andere als ein Bär.
Die Tanzbären im Zirkus urteilten genauso prompt,
Weil wer nicht tanzt und Rad fährt, nicht als Bär in Frage kommt.
Die Heimfahrt über dachte er, „und ich bin doch ein Bär.
Ich weiß es doch, ich weiß es“, doch er wehrte sich nicht mehr.

Er ließ sich Arbeitszeug anziehn, und als man ihm befahl,
Sich zu rasier'n, rasierte er sich seine Schnauze kahl.
Stempelte seine Stechkarte wie jeder andre Mann,
Und lernte, dass der Tag mit einem Hupsignal begann.
Er ließ sich an eine Maschine setzen, wo ein Griff
Von rechts nach links zu dreh'n war, wenn eine Sirene pfiff.
Und wenn man das versäumte, leuchtete ein rotes Licht.
Das zeigte, ob der Mann daran grad' arbeitete oder ob nicht.

Der Bär, der ein Bär bleiben wollte (Fortsetzung)

So stand er Tag für Tag an der Maschine, drehte stumm
Den Griff von rechts nach links und danach wieder rechtsherum.
Nur in der Mittagspause musst' er zum Fabrikzaun gehn.
Um durch Maschinen und Stacheldraht ins Land hinauszuseh'n.
Die Osterglocken blühten und verblühten vor dem Zaun.
Ein Sommer kam und ging, der Herbst färbte die Wälder braun.
Am Himmel sah er Wildgänse in Scharen südwärts zieh'n.
Er gähnte oft und er ward müd' und es fröstelte ihn.

Er gähnte immer mehr, je mehr er sich zusammennahm.
Er wurde immer müder, je näher der Winter kam.
Vom Wachen taten ihm oft mittags schon die Augen weh.
Er stand am Zaun und sagte vor sich hin, „Es riecht nach Schnee".
An dem Nachmittag schlief er glatt an der Maschine ein.
Hörte nicht die Sirene, nur den Personalchef schrei'n.
„He, du da, raus. Du bist entlassen, hier ist dein Restlohn".
„Entlassen?" jubelte der Bär und machte sich davon.

Sein Bündel auf der Schulter, wanderte er ohne Ziel.
Einfach gradaus im Schnee, der schon in dicken Flocken fiel.
So ging er einen Tag, eine Nacht und noch einen Tag.
Auf der Standspur der Autobahn, wo nicht so viel Schnee lag.
Mal zählte er die Autos, die er sah, doch ihm fiel ein,
Dass er nur bis fünf zählen konnte und so ließ er's sein.
Und dann am zweiten Abend sah er in der Ferne hell,
Im dichten Schneegestöber Neonbuchstaben „Motel".

Durchfroren, nass und müde trat der Bär an den Empfang.
Der Mann hinter dem Tresen rührte sich nicht und schwieg lang.
Tat unheimlich beschäftigt um beiläufig zu erklär'n.
„Wir haben keine Zimmer frei für Landstreicher und Bär'n".
„Habe ich das Wort ‚Bär' gehört, sagten Sie Bär vorhin?
Das heißt, Sie sind der Meinung, dass ich wirklich einer bin".
Der Mann griff kreidebleich zum Telefon, der Bär ging schnell
Zur Tür und er verschwand im Wald, gleich hinter dem Motel.

Der Bär, der ein Bär bleiben wollte (Fortsetzung)

Er stapfte durch den Wald, der ihm jetzt fremd und feindlich schien.
Er ging und nach und nach verließen seine Kräfte ihn.
Ich muss jetzt darüber nachdenken, dachte sich der Bär.
Was mit mir werden soll, wenn ich nur nicht so müde wär'.
Er setzte sich vor eine Höhle und starrte lang
Ins Leere, hörte, wie der Schneesturm in den Bäumen sang.
Er spürte ihn nicht mehr und ließ sich ganz und gar zuschnei'n.
Und vor dem dritten Morgen seiner Reise schlief er ein.

Reinhard Mey

Dieses Lied ist auf der Schallplatte „Menschenjunges" von Reinhard Mey, Intercord, 1977. Es ist entstanden nach einem Bilderbuch von Jörg Müller/Jörg Steiner: „Der Bär, der ein Bär bleiben wollte", Sauerländer Verlag, Aarau/Frankfurt/a.M. 1976

aus: Reinhard Mey, Alle meine Lieder, Chanson edition, Maikäfer Musik-Verlagsgesellschaft, Berlin 1985

Kinder

Sind so kleine Hände
winzge Finger dran.
Darf man nie drauf schlagen
die zerbrechen dann.

Sind so kleine Füße
mit so kleinen Zehn.
Darf man nie drauftreten
könn sie sonst nicht gehn.

Sind so kleine Ohren
scharf, und ihr erlaubt.
Darf man nie zerbrüllen
werden davon taub.

Sind so schöne Münder
sprechen alles aus.
Darf man nie verbieten
Kommt sonst nichts mehr raus.

Sind so klare Augen
die noch alles sehn.
Darf man nie verbinden
könn sie nichts verstehn.

Sind so kleine Seelen
offen und ganz frei.
Darf man niemals quälen
gehn kaputt dabei.

Ist son kleines Rückgrat
sieht man fast noch nicht.
Darf man niemals beugen
weil es sonst zerbricht.

Grade, klare Menschen
wärn ein schönes Ziel.
Leute ohne Rückgrat
hab'n wir schon zu viel.

Bettina Wegener

Von der LP: Sind so kleine Hände, Bettina Wegener, CBS Nr. 83507, 1979, Schallplatten GmbH, Germany

aus: Bettina Wegener, Wenn meine Lieder nicht mehr stimmen, Rowohlt, Reinbeck

Literaturliste

Gedichtbände:

Das Buch der Balladen
Hrsg. v. Walter Hansen, Mosaik Verlag, München 1978

Deutsche Gedichte
Hrsg. v. Th. Echtermeyer/B. v. Wiese, August Bagel Verlag, Düsseldorf 1966

Joachim Ringelnatz
Und auf einmal steht es neben dir - Gesammelte Gedichte, Henssel Verlag, Berlin 1950

Christian Morgenstern
Gesammelte Werke in einem Band, Piper Verlag, München 1965

R. Mey
Alle meine Lieder, Maikäfer Musik-Verlagsgesellschaft, Berlin 1985

Gedichtbände für Kinder

Das große Ringelnatz-Kinderbuch, Henssel-Verlag, Berlin 1989

Klang-Reim-Rhythmus
Gedichte für die Grundschule, Cornelsen/Hirschgraben, Frankfurt 1989

Und mittendrin der freche Hans
Gedichte für Grundschulkinder, hrsg. v. G. Sennlaub, Cornelsen, Berlin o. J.

Der Zauberer Korinthe
James Krüss, Oetinger, Hamburg 1982

Die Wundertüte
Alte und neue Gedichte für Kinder, hrsg. v. H.J. Kliewer, Ph. Reclam jr., Stuttgart 1989

Überall und neben dir
Gedichte für Kinder, hrsg. v. Hans-Joachim Gelberg, Beltz u. Gelberg, Weinheim u. Basel 1986

Oh, Verzeihung, sagte die Ameise
Gedichte von Josef Guggenmos mit Bildern von Nikolaus Heidelbach, Beltz u. Gelberg, Weinheim u. Basel 1990. Sehr zu empfehlen!

Moderne Lyrik für Kinder – RTB-Gedichte-Buchreihe
Eine Auswahl aus dem Werk namhafter deutschsprachiger Gegenwartsautoren, Ravensburger-Verlag, alle Bände als chinesisches Blockbuch, 48 Seiten, mit Illustrationen:

Günther Kunert	Ich, Du, er, sie, es
Christoph Meckel	Pferdefuß
Lutz Rahtenow	Sterne jonglieren
Ernst Jandl	ottos mops hopst
Jürgen Spohn	Flausensausen
Friedericke Mayröcker	Zittergaul

Die Reihe wird beständig erweitert, also in Buchhandlungen nachfragen.

Literaturliste (Fortsetzung)

Lutz Görners Rezitheater
Tonkassette mit Textheften und Erläuterungen zu den Lyrikern,
früher: Lutz Görners Rezitheater-Verlag, Köln, jetzt: Lutz Görner, Wiehl.
Kassetten auch erhältlich beim Verlag an der Ruhr, Mülheim an der Ruhr.

Gedichte für Kinder
Klassiker wie Lessing, Goethe, Ringelnatz, Busch, Rilke, Hebel, ... können auch von Kindern verstanden und gemocht werden.

Balladen für Kinder II
Balladen von Goethes „Rattenfänger" bis zu Brechts „Der Fisch mit Namen Fasch".

Lesenswertes zum Thema:

Lyrik für Kinder – gestalten und aneignen
Claus Forytta/Eva Kanke (Hrsg.)
Arbeitskreis Grundschule, Beiträge zur Reform der Grundschule, Bd. 76,
Frankfurt/M. 1989

Das Wasserzeichen der Poesie
A. Thalmayr
Eichborn, Frankfurt/M. 1989

Warum nicht Literatur?
Walter Hövel, Otto Vierkötter, Ute Geiß
Methoden und Techniken für den handelnden Umgang mit literatischen Texten. Diesem Band haben wir für die Lyrik-Kartei viele Anregungen entnommen. Verlag an der Ruhr, Mülheim an der Ruhr 1987.

Mein Schreibtisch ist gedeckt für alle - Kinder und Lyrik
Ute Andresen in „Pädagogik", Heft 2/89

Die Verseschmiede

Vorwort für LehrerInnen

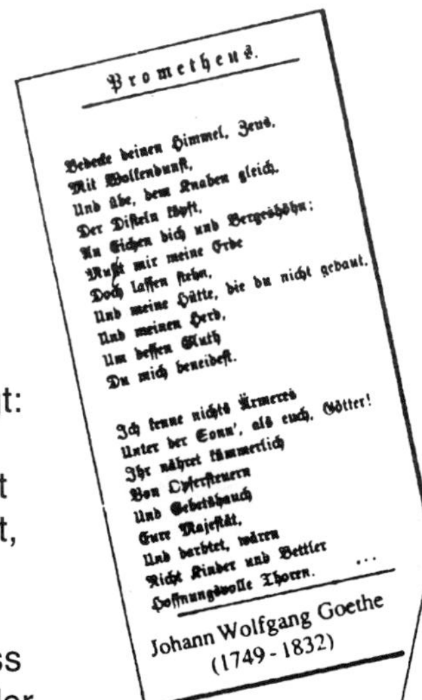
Prometheus.

Bedecke deinen Himmel, Zeus,
Mit Wolkendunst,
Und übe, dem Knaben gleich,
Der Disteln köpft,
An Eichen dich und Bergeshöhn;
Mußt mir meine Erde
Doch lassen stehn,
Und meine Hütte, die du nicht gebaut,
Und meinen Herd,
Um dessen Glut
Du mich beneidest.

Ich kenne nichts Ärmeres
Unter der Sonn', als euch, Götter!
Ihr nähret kümmerlich
Von Opfersteuern
Und Gebetshauch
Eure Majestät,
Und darbtet, wären
Nicht Kinder und Bettler
Hoffnungsvolle Thoren.
...

Johann Wolfgang Goethe
(1749 - 1832)

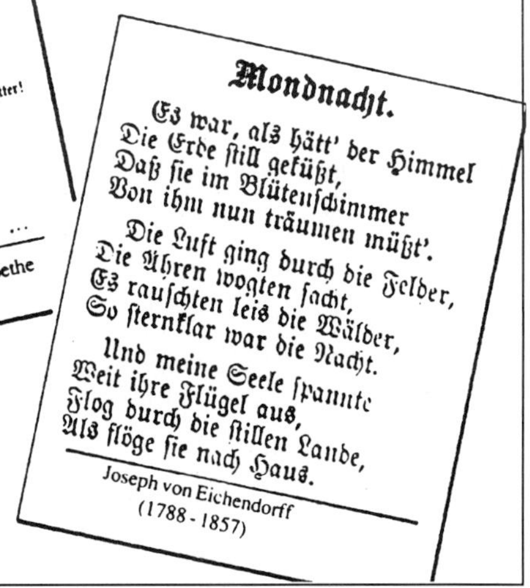
Mondnacht.

Es war, als hätt' der Himmel
Die Erde still geküßt,
Daß sie im Blütenschimmer
Von ihm nun träumen müßt'.

Die Luft ging durch die Felder,
Die Ähren wogten sacht,
Es rauschten leis die Wälder,
So sternklar war die Nacht.

Und meine Seele spannte
Weit ihre Flügel aus,
Flog durch die stillen Lande,
Als flöge sie nach Haus.

Joseph von Eichendorff
(1788 - 1857)

Grundschulkinder und Begriffe wie Jambus, Trochäus, Auftakt, Alliteration? Diese **Verseschmiede** versucht Kindern das „Handwerkszeug des Lyrikers" zu erklären – ein **Angebot**, keinesfalls ein Muss! Sie ist entstanden auf Wunsch von Kindern, die am Aufbau dieser Lyrik-Kartei mitgearbeitet haben. Immer wieder wurde nach auffallenden Regelmäßigkeiten gefragt: Warum kommen in diesem Gedicht so viele Wörter mit i vor? – Warum klingt ein Gedicht von Goethe so regelmäßig und meines nicht, obwohl es sich auch reimt? – Bei diesem Gedicht reimt sich nur jede zweite Zeile. Diese und ähnliche Fragen waren der Anlass für das Angebot eines „Dichterlehrgangs", der vorliegenden **Verseschmeide**.
Es sei abschließend noch einmal betont: Sie ist als **differenzierendes, freiwilliges Angebot** für interessierte Kinder zu verstehen, **nicht** als fester Bestandteil des handlungsorientierten Umgangs mit Lyrik in der Grundschule.

„Vorwörtchen" für Kinder

In der **Verseschmiede** findest du einiges aus dem Handwerkszeug der Dichter. Nicht alle Gedichte sind nach solchen Regelmäßigkeiten aufgebaut. Manchmal reicht es einfach seine Stimmung aufzuschreiben.
Wenn du aber mehr Einblick in den Aufbau von Gedichten haben willst, mehr wissen willst, bist du hier richtig.
Du kannst informieren, Gedichte untersuchen, eigene Gedichte planen.
Wenn du etwas nicht verstehst, frage deine Lehrerin oder deinen Lehrer.
Sicher können die dir weiterhelfen oder wissen, wo man zusätzliche Informationen bekommt.

Viel Spaß also!

Lautmalerei

Mit Wörtern und Buchstaben kann man malen. Du kennst das.
Zum Beispiel beim „Tatü-tata“, mit dem man das Geräusch der Feuerwehrsirene nachmachtt.
Oder mit „Tick-tack“, das das Geräusch der Uhr nachahmt.
Auch in Comics findest du oft diese Lautmalerei.
Versuche als einfache Übung einmal ein Geräusch nachzuahmen und es dann aufzuschreiben.

Schau dir dann an, welche Laute du benutzt hast.
Dichter benutzen **Lautmalerei** um etwas ganz wirklichkeitsnah darzustellen oder um eine bestimmte Wirkung zu erzielen.

Beispiele dafür findest du in folgenden Gedichten:

James Krüss: ***Das Feuer***

Ernst Jandl: ***ottos mops***

Achte bei beiden Gedichten auf die Laute, die besonders oft erscheinen. **Vokale** (Selbstlaute) spielen dabei eine wichtige Rolle. Überlege nur einmal, wie du die Selbstlaute benutzt:

Du sagt **iii**, wenn du dich ekelst

ooo, wenn du enttäuscht oder erstaunt bist,

aaa, wenn dir etwas gefällt.

Vorschläge zum Ausprobieren:

Schreibe ein Gedicht, ähnlich wie das vom Feuer oder von ottos mops.
Benutze dabei ganz gezielt Vokale.

Das könnte so aussehen:

Aaa, das mag ich!
Ach, Ananas, die mag ich,
auch Bananen aß ich, ja!
alle Apfelarten, aah –
Nach Rhabarber frag ich,
Alles ganz knackige Sachen –
Krank sein – da kann ich nur lachen!

Schreib ein Gedicht und lass alle Vokale weg. Du kannst als Hilfe beim Lesen für jeden fehlenden Vokal ein Zeichen machen.

Das Gedicht von oben sähe dann so aus:

***, d*s m*g *ch!
*ch, *n*n*s, d** m*g *ch,
**ch B*n*n*n *ß *ch, j*!
ll *pf*l*rt*n, **h –
N*ch Rh*b*rb*r fr*g *ch.
*ll*s kn*ck*g* S*ch*n –
Kr*nks**n, d* k*nn *ch n*r l*ch*n!

Noch interessanter wird es, wenn du die Vokalstellen nicht kennzeichnest:

, ds mg ch
ch, nns, d mg ch,
ch Bnnn ß ch j!
ll pflrtn, h –
Nch Rhrbrbr frg ch.
lls knckg Schn –
krnksn, d knn ch nr lchn!

Betonungen

Die deutsche Sprache hat ihren eigenen Klang.
Versuche einmal darauf zu achten, welche Silben beim Sprechen betont werden.
Klopfen oder Klatschen hilft dir die Silben deutlich zu machen. Schreibe dir einige zweisilbige Wörter (wie Liebe, gehen, Nase, Freunde, verirrt) auf und schreibe die betonten Silben farbig nach.
Bei Wörtern mit 3 oder mehr Silben wird es noch komplizierter.
Schreib dir auch hier einige auf und male die betonten Silben farbig nach!
(Rosine, Tomate, Andenken, Hausaufgaben)

Vorschläge zum Ausprobieren:

Du kannst ein Gedicht aus lauter zweisilbigen Wörtern schreiben, die alle auf der 1. oder der 2. Silbe betont werden.
Das geht auch mit dreisilbigen Wörtern.

Beispiel:

**Heu**te **ha**ben **al**le **Kin**der
**ei**ne **gro**ße **Freu**de.
**Drau**ßen **leuch**ten **Blu**men,
**Son**ne **schei**net **heu**te!

Oder versuche es anders:
Zuerst ein einsilbiges, dann ein zweisilbiges, dann ein dreisilbiges Wort in jeder Reihe.

Beispiel: Ich ge-he spa-zie-ren.
Da lau-fen Ka-me-le.

Oder:
1. Reihe – ein einsilbiges Wort,
2. Reihe – zwei zweisilbige Wörter
3. Reihe – drei dreisilbige Wörter

Beispiel: Ich
ge-he heu-te
ge-müt-lich ver-gnüg-lich spa-zie-ren.

Du solltest die Trennstriche zwischen den Silben natürlich nicht hinschreiben.
Wie würde es sich anhören, wenn alle Wörter auf der gleichen Silbe betont werden?
Probiere es mal aus!

„Zeichen"

Du kannst untersuchen, wie Gedichte aufgebaut sind.
Schau dir ein Gedicht an und sprich jede Zeile so langsam, dass du betonte und unbetonte Silben heraushörst.

> Schreibe nun für jede Silbe ein Zeichen:
>
> **x' für eine betonte Silbe**
> **x für eine unbetonte Silbe**

Man spricht bei **betonten** Silben auch von einer **Hebung** der Stimme und bei einer **unbetonten** Silbe von einer **Senkung**.

Beispiel:

Hans Stempel/Martin Ripkens:
Kin-der-kram
x' x x

Ta-schen-mes-ser, Luft-bal-lon
x' x x' x x' x x

Tril-ler-pfei-fe, Kau-bon-bon
x' x x' x x' x x

Bahn-steig-kar-te, Sher-riff-stern
x' x x' x x' x x

Ku-chen-krü-mel, Pflau-men-kern
x' x x' x x' x x

Kro-nen-kor-ken, Zinn-sol-dat
x' x x' x x' x x

ja, so-gar die Zünd-holz-do-se
x' x x' x x' x x' x

fin-det Platz in Pe-ters Ho-se
x' x x' x x' x x' x

Nur das sau-bre Ta-schen-tuch
x' x x' x x' x x'

fin-det nicht mehr Platz ge-nung.
x' x x' x x' x x'

Bei diesem Gedicht ist dir vielleicht eine weitere Regelmäßigkeit aufgefallen: In der 1. bis 5. Zeile steht immer zuerst ein viersilbiges Wort, dann folgt ein dreisilbiges.

Oft wirst du feststellen, dass betonte und unbetonte Silben in einer **bestimmten Reihenfolge** wechseln. Diese regelmäßige Folge nennt man

Versmaß oder Metrum.

Bestimmte Reihenfolgen haben verschiedene Namen:

x x' = Jambus (Mehrzahl: Jamben)
x' x = Trochäus (Mehrzahl: Trochäen)

Jambus

Beispiele:
Es sitzt ein Vo-gel auf dem Leim …
x x' x x' x x' x x'
(Jamben)

Dro-ben auf des Tur-mes Zin-ne
x' x x' x x' x x' x
(Trochäen)

Trochäus

Es geht noch weiter:

x'xx = Daktylus (Mehrzahl: Daktylen)
xxx' = Anapäst (Mehrzahl: Anapäste)

Beispiele (für Daktylen)
Tan-nen-baum, Re-gen-schirm
x' x x x' x x

Jetzt kannst du deine Gedichte untersuchen oder eigene Gedichte „bauen:

Daktylus

Anapäst

Vorschläge zum Selberdichten:

Schreibe dir das Klangmuster (Metrum) auf, in dem dein Gedicht geschrieben sein soll, z.B.:

xx'xx'
x'xx'x
xx'xx'
x'xx'x

Dann dichtest du das Gedicht so, dass es in das Versmaß passt.
Das kann ein Gedicht zu einem bestimmten Thema ein oder einfach ein Quatschgedicht zum Ausprobieren.

z.B.: *ra ti ra ta*
li la li la
bla bli bla bla
si no si na

oder:

x x' x x'
Hal-li, hal-lo

x' x x' x
schö-ner ro-ter

x' x x
Re-gen-schirm!

x' x x
Hältst mich so

x' x x x' x x
tro-cken bei Re-gen und

x' x
Ha-gel

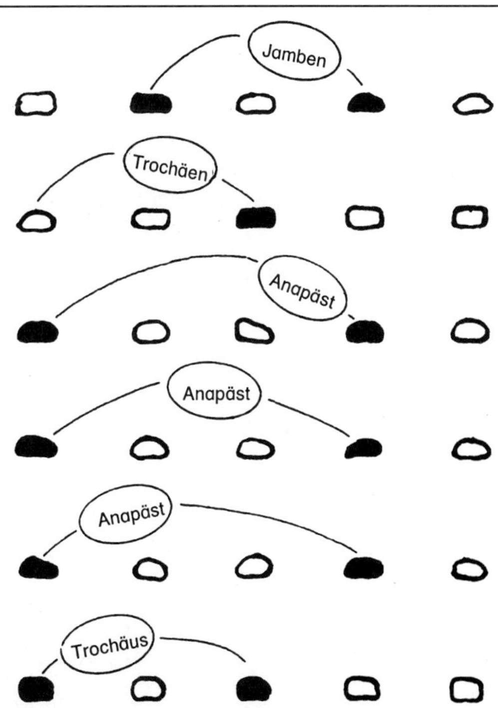

Merke: Mit dem Versmaß kann dein Gedicht einen bestimmten Charakter bekommen, ruhige Gedichte haben ein gleichmäßiges Metrum, bewegte oft ein wechselndes.

Auch hier ein Beispiel:
Ich habe geplant ein ruhiges Gedicht zu schreiben.
Dafür habe ich mir ein gleichmäßiges Versmaß ausgesucht:

x'x x'x	Leise, leise
x'x x'	schlafe ein,
x'x x'x	kleine Suse
x'x x	träume schön,
x'x x'x	träum von deinem
x'x x'x	kleinen Kätzchen.
x'x x'x x'xx	Kätzchen spielt im Mondenschein
x'x x'x x'xx	Und du sollst jetzt müde sein.

Für mein zweites, lebhaftes Gedicht brauchte ich ein wechselndes Metrum:

x'x x'x x'x x'x	Hörst du, wie die Zweige knistern
x'x x'x	wie es raschelt
x'x x	wie es rauscht!
x x'x x x'	Ein schauriger Klang
x'x x x'	dringt an dein Ohr.
x x' x x	Du fürchtest dich,
x'x x x'	Angst hast du auch!
x' x x x' x	Da ist ein Kribbeln
x' x x x'	in deinem Bauch!

Vom Auftakt

„Auftakte" gibt es nicht nur in der Musik, auch beim Versmaß findet man sie. Wenn du unter den Satz: **„Ich kom-me noch lang nicht heim!"** das Vermaß schreibst, findest du folgendes Muster:

Ich kom-me noch lang nicht heim!
x x' x x x' x x
Anapäst Anapäst

Die unbetonte erste Silbe nennt man Auftakt.

Kannst du diese Information für deine eigenen Gedichte brauchen?

Alliteration

Hinter diesem tollen Fremdwort verbirgt sich eine Dichterregel, die dir beim Selberdichten sicher viel Spaß machen wird.

Regel 1: **die Anfangsmitlaute einer Zeile oder eines Verses klingen alle gleich.**
Beispiel: *Zwischen zwei Zwetschgenzweigen zwitschern zwei Zeisige.*

oder

Regel 2: **Die Selbstlaute der betonten Silben müssen gleich klingen.**
Beispiel: *Am Abend aß der Artur Ananas.*

Anregung zum Selberdichten:

Versuche einmal mit diesen beiden Regeln ein Gedicht zu gestalten. Zuerst solltest du dir nur ein kurzes Gedicht vornehmen.
Hier wirst du ähnlich arbeiten wir bei der ***Lautmalerei*** (die findest du ein paar Seiten weiter).

Beispiele:

zu Regel 1:
Reginald Regenwurm
rutscht und ringelt
rund um rote Radieschen,
„Runter!" ruft Robert Regenwurm,
Reginalds Retter,
„Stanislaus Star
stolziert schon im Spinat!"

zu Regel 2:
Am Abend aß
der Artur Ananas.
Das war ein Spaß!
Nass vom Saft
der Ananas
lachte Artur:
Das war was!
Mama aber jammert:
Artur, ach
Ananassaft –
alles nass!

Vom Reimen

Du weißt, dass ein Gedicht verschiedene **Strophen** hat. Was ein **Reim** ist, weißt du auch. Fachleute sprechen von einem **Endreim**, wenn es sich am Ende reimt.

*Es sitzt ein Vogel auf dem **Leim**,*
*Er flattert sehr und kann nicht **heim** …*

Ähnlich wie beim Versmaß kann man auch für die Reime ein „Muster“ aufstellen. Man benutzt die Buchstaben des Alphabets dazu und nennt das Ganze dann Reimschema. Hier sind die häufigsten Formen:

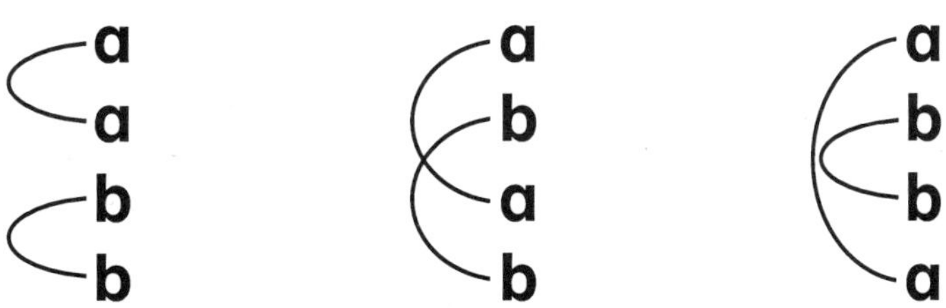

Paarreim — Kreuzreim — umfassender (umarmender) Reim

Natürlich gibt es noch viele andere Möglichkeiten.
Die kannst du selbst herausfinden.

Vorschläge zum Selberdichten:

Jetzt kannst du mit Reimen arbeiten.
Wenn du ein Gedicht planst, entscheide dich für ein Reimschema, zeichne es dir auf und schreibe dann.
Oder probiere einfach einmal neue Formen aus!
Hier hast du einige Beispiele:

Paarreim
a Weil die Sonne **lacht**,
a habe ich **gedacht**,
b wir wollen ***laufen***,
b und uns ein Eis ***kaufen***.

Kreuzreim
a Wenn es draußen **regnet**
b bleiben wir im ***Haus***.
a Wer weiß, vielleicht **begegnet**
b uns eine kleine ***Maus***.

Umarmender Reim
a Guten Abend, lieber **Mond**,
b und ihr hellen ***Sterne***.
b Ich sehe euch so ***gerne***,
a Träum’, dass jemand auf euch **wohnt**.

Reiner Reim – unreiner Reim

Manchmal passen die Reime nicht so gut wie bei ***Maus*** und ***Haus***, sondern klingen nur sehr ähnlich: ***fließt – grüßt***

Reime wie *Haus – Maus* nennt man reine Reime,
Reime wie *fließt – grüßt* nennt man unreine Reime.

Wieder eine neue Information!

Mit Wörtern malen

Wie man mit Farben ein Bild malt, so kann man mit beschreibenden Wörtern oder Vergleichen ein Fantasiebild aus Sprache malen.

Benutze viele *Wiewörter* (Adjektive) dazu!
Statt: Die Sonne scheint: *Die helle, goldene Sonne strahlt.*

Arbeite mit Vergleichen!
Statt: Der Wind weht: *Der Wind braust heran wie ein wütender Riese.*

Gedichte müssen sich nicht immer reimen.
Manchmal arbeitet ein Dichter nur mit Klängen und Bildern.

Vorschlag zum Selberdichten:

Schreibe einen Text zuerst ganz schlicht.
Überarbeite ihn dann mit Vergleichen und beschreibenden Adjektiven.

Hier hast du ein Beispiel dafür:

Einfacher Text:
Ich fahre mit dem Fahrrad.
Ich fahre zum See.
Dort füttere ich die Enten mit Brotresten.
Eine Entenmutter schwimmt mit ihren Jungen ins Schilf.

Überarbeiteter Text:
Mit meinem schnellen, silberglänzenden Fahrrad flitze ich schnell wie der Blitz.
Ich sause zum See hinunter, der wie ein Spiegel im Sonnenlicht leuchtet.
Dort füttere ich die bunten Enten mit trockenen Brotresten.
Eine grünbraune Entenmutter schwimmt mit ihren flaumigweichen Jungen ins schützende Schilf.